Das Buch

Nicht jedes in bester Absicht überreichte Geschenk löst ungetrübte Freude beim Empfänger aus. Ein leibhaftiger Affe zum Beispiel kann ungeheure Probleme aufwerfen, vor allem dann, wenn er ein diplomatisches Geschenk ist und nicht einfach in den Zoo abgeschoben werden kann ... ›Plauderei über die neueste Geschichte‹ ist eine von siebenunddreißig grotesken, witzigen, das Absurde im politischen und menschlichen Alltag aufspürenden Kurzgeschichten des »polnischen Ionesco«, wie Sławomir Mrożek von der ›Frankfurter Allgemeinen Zeitung‹ apostrophiert wurde. Es geht ihm um die Bedrohung der Freiheit des einzelnen in totalitären Systemen, um die Sinnfindung im Leben, um zwischenmenschliche Beziehungen, Liebe, Frauen. Er läßt Fuchs und Hahn als Fabelwesen agieren, Pfarrer und Teufel miteinander paktieren und konfrontiert Märchenfiguren mit harter Realität. Einfallsreichtum und hintersinniger Humor des Autors garantieren eine vergnügliche, aber auch nachdenklich stimmende Lektüre.

Der Autor

Sławomir Mrożek, geboren am 26. Juni 1930 in der Nähe von Krakau, studierte Architektur, Kunstgeschichte und Orientalistik. International bekannt wurde er vor allem als Dramatiker. Er lebt seit 1968 in Paris. Einige Werke: ›Der Elefant‹ (1958), ›Hochzeit in Atomweiler‹ (1959), Erzählungen; ›Die Polizei‹ (1958), ›Striptease‹, ›Auf hoher See‹ (1961), ›Tango‹ (1964), ›Watzlaff‹ (1969), ›Emigranten‹ (1974), ›Der Botschafter‹ (1981), Dramen.

Sławomir Mrożek:
Das Leben ist schwer
Satiren

Deutsch von Klaus Staemmler

Deutscher
Taschenbuch
Verlag

dtv

Originalausgabe
Dezember 1985
Deutscher Taschenbuch Verlag GmbH & Co. KG,
München

Umschlaggestaltung: Celestino Piatti
Gesamtherstellung: C. H. Beck'sche Buchdruckerei,
Nördlingen
Printed in Germany · ISBN 3-423-10480-5

Inhalt

Die Revolution

In meinem Zimmer stand das Bett hier, der Schrank dort und der Tisch dazwischen.

Bis mir das langweilig wurde. Ich rückte das Bett dorthin und den Schrank hierher.

Eine Weile spürte ich die belebende Strömung des Neuen. Doch nach geraumer Zeit – wieder Langeweile.

Ich gelangte zu dem Schluß, die Quelle der Langeweile sei der Tisch oder vielmehr seine unveränderte mittlere Stellung.

Darum schob ich den Tisch dorthin und das Bett in die Mitte. Nonkonformistisch.

Das erneute Neue belebte mich von neuem, und solange das andauerte, war ich zufrieden mit der nonkonformistischen Unbequemlichkeit, die es zur Folge hatte. Ich konnte jetzt nämlich nicht mehr mit dem Gesicht zur Wand schlafen, was stets meine bevorzugte Lage gewesen war.

Doch nach einer Weile hörte das Neue auf, neu zu sein, nur die Unbequemlichkeit blieb übrig. Deshalb verschob ich das Bett hierhin und den Schrank in die Mitte.

Endlich eine radikale Änderung. Denn der Schrank mitten im Zimmer, das war mehr als nonkonformistisch. Geradezu avantgardistisch.

Aber nach einiger Zeit ... Ach, gäb's nur nicht dieses »nach einiger Zeit«! Kurz und gut, auch der Schrank mitten im Zimmer hörte für mich auf, etwas Neues und Ungewöhnliches zu sein.

Man mußte einen Durchbruch erzielen, einen Grundsatzentschluß fassen. Wenn im gegebenen Rahmen keine echte Veränderung möglich ist, muß man ganz aus dem Rahmen treten. Wenn das Nonkonformistische nicht genügt, wenn das Avantgardistische erfolglos ist, muß man zur Revolution schreiten.

Ich beschloß, im Schrank zu schlafen. Jeder, der einmal versucht hat, stehend im Schrank zu schlafen, weiß, daß man in dieser unbequemen Lage überhaupt nicht einschlafen kann, gar nicht zu reden vom Kribbeln in den Füßen und von den Schmerzen im Rücken.

Ja, das war der richtige Entschluß. Der Erfolg, der volle Sieg. Denn diesmal trat der bekannte Effekt auch »nach einiger Zeit« nicht ein. Ich gewöhnte mich nach einiger Zeit nicht nur nicht an die Veränderung, die Veränderung blieb Veränderung, ich empfand die Veränderung im Gegenteil immer stärker, weil die Schmerzen mit dem Ablauf der Zeit stärker wurden.

Alles wäre somit vorzüglich gewesen, hätte sich meine psychische Durchhaltekraft nicht als begrenzt erwiesen. Eines Nachts hielt ich es nicht mehr aus. Ich verließ den Schrank und legte mich ins Bett.

Ich schlief dreimal rund um die Uhr. Darauf schob ich den Schrank an die Wand und den Tisch in die Mitte, denn der Schrank mitten im Zimmer störte mich.

Jetzt steht das Bett wieder hier, der Schrank dort und der Tisch dazwischen. Wenn die Langeweile mir zusetzt, erinnere ich mich der Zeiten, als ich ein Revolutionär war.

Das Gesicht

In dem großen Saal – so groß, daß sogar der riesige Schreibtisch wie ein Spielzeug wirkte – saßen an eben diesem Schreibtisch zwei Männer. Das Gesicht des Mannes hinter dem Schreibtisch war reglos, hieratisch, standbildhaft, das Gesicht des Mannes auf dieser Seite des Schreibtisches dagegen so beweglich, daß es aussah, als wollte es ihn verlassen, in alle Ecken laufen, sich an die Decke hängen oder durch das Fenster hinausfliegen, wenn das Fenster offen gewesen wäre. Das Gesicht zog allerlei Mienen und Grimassen und verhielt sich überhaupt wie erfüllt mit eigenständigem Leben, unabhängig nicht nur vom Willen seines nominellen Besitzers, sondern auch von dessen Körper.

Dieser hatte gerade aufgehört zu sprechen, der Standbildhafte hinter dem Schreibtisch räusperte sich und erteilte dann seine Antwort:

»Ja, wir freuen uns, freuen uns, aber ...«

»Aber?«

»Aber so einfach ist es nicht, wie Sie glauben.«

Das Gesicht sprang von der Palme herunter, von einer der Palmen, die den Audienzsaal schmückten, glitt über den Marmorfußboden und setzte sich auf die Schulter seines nominellen Besitzers.

»Warum? Ist meine Erklärung nicht klar?«

»Ihre Erklärung ist völlig klar, und wie bereits gesagt, wir freuen uns sehr. Sie sind berühmt, und wir sind mächtig. Die Macht freut sich immer, wenn sie vom Ruhm unterstützt wird, und zeigt sich auf gleiche Weise dankbar.«

»Worum geht es also?«

»Um gewisse Widersprüchlichkeiten. Einerseits sind Sie eine unendlich populäre Persönlichkeit, und Ihr Beitritt zu unserer Bewegung, unserer Idee, unserer Organisation hätte für uns eine positive, eine propagandistische Bedeutung, andererseits jedoch ...«

»Aber ich möchte ja gerade in eure Reihen treten.«

»... andererseits liegt gerade in Ihrer Popularität das Hindernis. Denn wir müssen in Betracht ziehen, worauf diese Popularität beruht. Sie sind der größte Komiker unserer Zeit, es genügt, daß Sie sich auf der Bühne sehen lassen, schon wälzen sich alle vor Lachen, noch bevor Sie irgend etwas sagen. Allein der Anblick Ihres Gesichts wirkt auf das Publikum erheiternd. Sie sind ...«

»Ein Clown.«

»Ich möchte dieses Wort nicht benutzen, weil eine so gewöhnliche Bezeichnung Ihrer Kunst absolut nicht gerecht wird ...«

»Aber warum denn? Ich bin ein Clown und schäme mich dessen überhaupt nicht. Es ist mein Beruf, meine Berufung und auch mein Ruhm. Ich schäme mich nicht einmal des Wortes Hanswurst. Ich bin ein Hanswurst und trete im Zirkus auf. Doch meine Kunst, der Zirkus – ihr unterstützt das.«

»Selbstverständlich unterstützen wir das wie alles Gesunde und Volkstümliche. Aber überlegen Sie bitte: Darf sich jemand mit einem Gesicht, bei dessen Anblick allein sich die Leute totlachen, in den Reihen unserer Bewegung befinden, deren Grundsatz und Ziele ernst sind, todernst?«

Das Gesicht sprang auf den Teppich und drückte sich flach an ihn. Da es jedoch infolge seiner Natur nicht lange völlig reglos bleiben konnte, zappelte es lautlos.

»Aber ich habe ernste Absichten.«

»Die haben Sie vielleicht, aber nicht Ihr Gesicht. Es verbindet sich den Leuten immer mit Witzen und Anekdoten, kurz gesagt mit dem Zweideutigen. Unsere Idee aber ist eindeutig. Absolut eindeutig. Es – Ihr Gesicht – ist Ihr Genie, und Ihr Genie beruht gerade auf unernsten

Absichten. Alle erwarten von Ihnen ausschließlich unernste Absichten, und keine Macht wird sie davon überzeugen, Sie hätten andere.«

»Aber ich denke ernsthaft.«

»Es kommt nicht darauf an, was Sie denken, sondern darauf, wie Sie aussehen. Und Sie sehen so aus, daß Ihr Anblick in unseren Reihen diese Reihen nur lächerlich machen, kompromittieren könnte. Und das entgegen Ihren allerernstesten Absichten. Wenn die Leute Sie unter uns sähen, unter unseren Fahnen, unsere Losungen verkündend, würden sie aufhören, an den Ernst unserer Losungen, unserer Fahnen, unserer Grundsätze und Ziele, ja unserer ganzen Bewegung zu glauben. Sie würden anfangen, über uns zu lachen.«

»Das wäre ja entsetzlich.«

»Haben Sie das im Ernst gesagt?«

»Selbstverständlich.«

»Sehen Sie, ich ertappe mich dabei, daß ich Sie der Ironie verdächtige. Ich weiß, ich weiß, Sie reden im Ernst, und trotzdem ... Bitte, beunruhigen Sie sich nicht, es ist ja nicht Ihre Schuld, nur die Ihres Gesichts. Aber wo ist es denn? Eben noch war es hier auf dem Teppich ...«

»Es sitzt jetzt, glaube ich, auf dem Kronleuchter ...«

Beide schauten hinauf, um das festzustellen, dann blickten sie einander an.

»Richtig. Sie sehen es ja selbst. Sie sitzen hier vor mir und Ihr Gesicht ganz woanders. Kann man einem solchen Gesicht vertrauen? Können Sie die Verantwortung für Ihr Gesicht übernehmen?«

»Nein«, antwortete der Clown bedrückt und fiel in sich zusammen. »Das kann ich nicht.«

»Na also«, sprach der Standbildhafte und erhob sich. »Gehen Sie nach Hause. Wir schätzen Ihre Bereitschaft und Ihre Begeisterung für unsere Sache, aber damit müssen wir uns begnügen. Sie bleiben bereit und voller Begeisterung, wir wissen das zu schätzen, aber Sie in unsere Reihen aufzunehmen ist unmöglich. Einfach unmöglich.«

Bedrückt verneigte sich der Clown und wandte sich der Tür zu.

»Und noch etwas.«

Der Clown blieb an der Tür stehen.

»Erzählen Sie niemandem von Ihrer Begeisterung für unsere Ideale. Sagen Sie auch niemandem, daß Sie uns einen Besuch gemacht und um Aufnahme in unsere Organisation gebeten haben. Wenn ich Ihnen nicht vertraute, könnte sogar ich denken, das sei, von Ihnen aus gesehen, eine ... Provokation gewesen.«

Der Clown zog seinen Kopf ein.

»Nun, ich denke nicht so, aber die anderen. Sie wissen schon, was sie denken könnten. Darum Diskretion und noch einmal Diskretion. In unserem und Ihrem Interesse. Wenn Ihre Begeisterung ehrlich ist, dann schweigen Sie darüber. Nur auf diese Weise können Sie der Sache dienen, für die Sie sich begeistern.«

Der Clown sagte seine Diskretion zu, und die schwere Tür schloß sich hinter ihm. Der Standbildhafte setzte sich und vertiefte sich in wichtige Dokumente. Doch nach kurzer Zeit lenkte ihn irgend etwas ab. Er hob den Kopf vom Schreibtisch und bemerkte, daß sich auf dem Fußboden vor der mächtigen, polierten Eichentür etwas regte. Das Gesicht versuchte, sich durch die Ritze zwischen Tür und Fußboden zu zwängen, um nach draußen zu gelangen. Vergeblich.

Der Standbildhafte legte die Feder weg und rieb sich die Hände; anschließend nahm er vom Schreibtisch den schweren Messing-Briefbeschwerer und stahl sich heran, so leise, wie es ihm seine ebenfalls schweren langschäftigen, auf Hochglanz gebrachten Stiefel erlaubten.

ziehen mußte er sie leider, weil es selbst dem General nicht gelang zu veranlassen, daß der Affe seine natürlichen Bedürfnisse überhaupt nicht mehr befriedigte. Er war dumm und machte erst von dem Augenblick an rasche Fortschritte, als man zwei Pädagogen aus der Spezialabteilung mit ihren wissenschaftlichen Geräten holte. Sogar die Knöpfe lernte er zuzuknöpfen, wenn ihm dabei auch die Hände ein bißchen zitterten.

Andererseits blieb er weiterhin Affe. Das heißt, er tollte herum und schnitt Grimassen, mit oder ohne Hosen. Er konnte keinen Augenblick still sitzen, was den General am meisten ärgerte, denn er mochte es sehr, wenn die Leute an einer Stelle saßen. Doch scheute er sich, den Affen einzusperren, und zwar aus Angst vor internationalen Schwierigkeiten, die sich daraus ergeben könnten. Die Völker, die uns den Affen gesandt hatten, konnten nach ihm fragen, und da es sich um Brudervölker handelte, war es besser, derartige Komplikationen zu vermeiden. Er wandte sich deshalb an seinen Ratgeber, das heißt an den Vertreter eines sehr großen, gleichfalls brüderlichen Landes, das zwar von uns unabhängig, jedoch so nahe gelegen ist, daß man bei uns gar nicht wegzugehen braucht, um dort zu sein, noch von dort wegzugehen, um bei uns zu sein. Dieses Land liebte seinen, das heißt unseren General wie sich selbst und achtete darauf, daß es ihm gut ging. So vertraute der General dem Ratgeber seine Sorgen an, und der Ratgeber antwortete darauf:

»Zunächst warten wir ab und unternehmen gar nichts. Und wenn wir lange genug gewartet haben, geben wir dem Affen einen Orden. Dann einen zweiten, größeren. Dann einen dritten, noch größer als der zweite, und so weiter. Hat der Affe erst dreißig, vierzig Orden zu tragen, wird er in Schweiß geraten, denn die Orden sind bei uns aus echtem Gold und schwer. Und wenn er in Schweiß gerät, wird er sich erkälten und anfangen zu niesen. Wenn er anfängt zu niesen, laden wir ihn zu uns zur Behandlung ein. Denn unsere Sanatorien sind auf der ganzen Welt bekannt, und die ärztliche Betreuung ist bei uns, wie sich's gehört. Es gibt nirgends dergleichen, nicht einmal bei euch. Ja, und der Affe wird behandelt, zu Tode behandelt, und dann richten wir ihm ein erstklassiges Begräbnis aus. Behandlung und Begräbnis auf unsere Kosten und auf höchster Ebene, niemand wird auch nur ein böses Wort sagen können. Also nur Geduld, die Methode ist erprobt, ich sehe da kein Problem, es ist nur eine Frage der Zeit, und Zeit haben wir mehr als genug.«

Der General dankte, weil er höflich war, besonders dem Ratgeber gegenüber, und ertrug von nun an die Affenpossen leichter, weil er die Gewißheit hatte, daß der Affe nur so lange Possen reißen würde, bis man Sanktionen gegen ihn anwandte.

Übrigens hatte der Affe auch seine guten Seiten, wenngleich nicht im Sinne des Generals. Bei den Appellen im Generalsbunker war es so langweilig, daß manche Obersten mit stiller Befriedigung die Abwechslung genossen, die ihnen der Affe immerhin brachte. Sobald der General seine Gedanken vom Blatt ablas, richteten sie den Blick nach oben, um sie zu fassen, denn diese Gedanken waren erhaben, man suchte sie vergeblich am Boden, ja das gehörte sich nicht. Dann sahen sie, wie der Affe auf der Lampe unter der Zimmerdecke schaukelte und lustige Grimassen schnitt. Nur ein Oberst namens Kasztanek begriff nie, daß der Affe ein Affe war, er dachte, es handle sich um einen weiteren Obersten. Und da er ihm unbekannt war – er konnte sich nicht erinnern, ihn im Kameradenkreise je gesehen zu haben –, glaubte er, der da oben auf der Lampe sei der Adjutant zur besonderen Verwendung, in Zivil, also geheim, deshalb nahm er auf ihn, also auf den Affen, um so mehr Rücksicht. »Was für ein Kopf«, vertraute er seiner Frau voller Bewunderung an. »Sagt nie ein Wort, sondern hört nur, was die anderen sagen. Er nimmt sich in acht, anscheinend ein echter Stratege. Bestimmt weiß er was, weil er nichts sagt. Du wirst sehen, der bringt es weit. Noch weiß man nicht, wie die Dinge sich fügen, wer es mit wem hält, worum es geht. Aber ich habe eine Nase und werde immer zu ihm halten, zu dem auf der Lampe. Das wird sich bestimmt für mich lohnen.« So sprach Kasztanek zu seiner Frau, und bei den Zusammenkünften im Generalstab lächelte er dem Affen beflissen zu, einmal wagte er sogar, ihm verständnisinnig zuzublinzeln. Der Affe jedoch beachtete ihn zu seinem Kummer nicht, weil er sich in einen Hauptmann Doliński von der Propagandaabteilung verliebt hatte. Er warf ihm Handküsse zu und setzte sich auf seinen Schoß, so daß die Kameraden über ihn lachten. Weiß der Teufel, was er in Doliński sah, der eine Brille trug und Schlappohren hatte. Vielleicht waren es gerade diese Ohren, die aussahen wie die einer Fledermaus, sie erinnerten ihn vermutlich an seinen heimischen Dschungel, wo es bekanntlich voll ist von allerlei Ekelzeug, darunter auch Fledermäuse. Aber vielleicht lag es auch daran, daß Kasztanek ein Kretin war und Doliński intelligent.

Wie gesagt, der General liebte die Reinlichkeit, die physische wie die moralische. Er erließ einen Befehl, jeder Soldat müsse sich zweimal im Jahr die Zähne putzen und in der Strafkompanie dreimal. Auch er selbst bemühte sich um peinliche Sauberkeit. Ständig wusch er sich die Hände und rieb sie mit Spiritus ab, bis unter seiner Umgebung das Bedauern wuchs, daß er so viel Spiritus vergeudete. Was die Hände anging, so ließ sich die Sauberheit ja noch einfach erzielen, doch den restlichen Körper rein zu halten fiel ihm nicht so leicht. Denn der General trennte sich ganz und gar nicht gern von seiner Uniform, wie aber sollte er in Uniform duschen? Ja, unser General und die Uniform, das ist ein und dasselbe, als wäre er bereits uniformiert zur Welt gekommen. Er schlief in einem Uniformschlafanzug mit Rangabzeichen und nahm die Generalsmütze, obgleich sie steif war, nie ab. Zum

Baden aber mußte er es tun. Sowohl praktische Gründe als auch die Achtung vor der Uniform zwangen ihn dazu. Im Leben jedes Militaristen muß, wenn er der Hygiene huldigt, der unangenehme Moment eintreten, da sich die Uniform vom Leibe trennt und auf einem Stuhl ruht, während der Leib sich in die Wanne begibt. Und weil die Uniform für den Leib des Militaristen das ist, was die Seele für den Leib jedes anderen Menschen, deshalb ist dieser Moment für den Militaristen der Moment der Trennung von Leib und Seele. Ein normaler Mensch stirbt nur einmal, der Militarist so viele Male, wie er ins Bad steigt.

Nun geschah es, daß, als der General ins Bad stieg und seine Uniform rechtwinklig zusammengelegt auf einem Stuhl ruhen ließ, der Affe herbeischlich und die Uniform still und leise fortnahm. Der General klettert aus der Badewanne, ohne Seele, er möchte auferstehen, das heißt sich wieder in die Uniform kleiden, tritt zu dem Stuhl, schaut, die Uniform ist weg. Der General ist schlachtengewohnt und hat dem Tod ins Auge gesehen, aber gefürchtet hat er sich nie. Erst jetzt überfällt ihn der Schrekken. Der General läuft hinaus, aber ist es der General? Dieser nackte Mensch – ist das noch der General? Woran erkennt man, daß es der General ist, es gibt ja nicht das geringste Zeichen am Generalsleib – dieser General oder Nicht-General läuft aus dem Badezimmer, schaut sich um und sieht den Affen, der sich seine Uniform angezogen hat. Er schreit, läuft hinter dem Affen her, um ihm die Uniform wegzunehmen. Der Affe gibt Fersengeld. Sie stürzen auf den Korridor, der Affe flieht den Korridor entlang, der General (Nicht-General) hinter ihm her. Der General jagt den Affen durch den Generalstab. Da taucht die Wache auf.

»Faßt ihn, haltet ihn!« ruft der General der Wache im Befehlston zu und vergißt dabei, daß er nackt ist. Die Wache glaubt ihren eigenen Augen nicht und weiß nicht, was sie tun soll. Denn die Generalschaft ruht nicht auf dem General (Nicht-General), sondern auf dem Affen (aber ist der Affe noch ein Affe, wenn er die Generalsuniform trägt?). Die Wache, in solchen Fragen ungeübt, zögert. Ist ein nackter General noch General? Ist ein Affe als General noch Affe? Eine zu schwierige Frage für diese schlichten Menschen. Ja selbst wenn statt dieser kräftigen, aber in der Schule nicht hervorragenden Knappen die Philosophen auf Wache zögen, wäre es durchaus nicht sicher, ob sie eine Lösung fänden. Zumal der nasse General (?) auf und ab lief und schrie und aller Welt seine Genitalien zeigte, die, obwohl klein, den Blicken der scharfäugigen Schützen nicht entgehen konnten, der trockene Affe (?) in Uniform auf und ab lief und entsetzlich kreischte, immer neue Türen sich öffneten, vom Tumult angelockte Stabsoffiziere herausschauten und aus der Wachstube Verstärkung die Treppe emporstampfte. Mit einem Wort, ein Durcheinander, also genau das, was der General ganz und gar nicht mochte.

Doch die Lösung fand sich. Befehlshaber der Wache war an diesem Tage Kasztanek, jener Oberst, der sich vor seiner Frau gerühmt hatte, er höre das Gras wachsen. Als er den Affen in der Generalsuniform erblickte – und wir wissen noch, Kasztanek war der einzige unter den Obersten, der infolge seiner Dummheit nie begriffen hatte, daß der Affe ein Affe war –, glaubte er sogleich, seine Ahnungen seien Wirklichkeit geworden und auf dem Posten des Generals habe ein Personalwechsel stattgefunden. Er beschloß sofort, sich anzupassen und dem neuen Anführer zu dienen. Denn wie sollte es anders sein? Der Anführer ist der Anführer, nur war jetzt jemand anders – so glaubte Kasztanek – der Anführer. Er salutierte eilfertig vor dem Affen, machte dann kehrt und schrie die Wache an, indem er auf den nackten General wies: »Packt ihn!«

Die Schützen atmeten erleichtert auf, denn endlich war ihr Zwiespalt beendet, sprangen bereitwillig auf den

Nackedei zu, packten ihn im Genick und schleppten ihn dorthin, wohin man in solchen Fällen die gestürzten Anführer schleppt und was in den Schulbüchern vorsichtigerweise Müllhaufen der Geschichte heißt.

Als der Ratgeber aus dem uns gnädig verbrüderten Lande davon erfuhr, verfiel er in schrecklichen, aber gerechten Zorn und eilte schnellstens herbei, um den fortgeschleppten General zu retten und ihm zu helfen, wieder in Amt und Würden zurückzukehren. Zu spät, denn derselbige war nicht mehr imstande zurückzukehren, weder zu den Würden noch zum Bewußtsein. Der übereifrige Kasztanek hatte sich eigenhändig darum bemüht. Dumm war dieser Oberst Kasztanek und allzu hitzig, obwohl er es gut meinte.

Als sich herausstellte, daß der General nicht mehr zu gebrauchen war, wurde Kasztanek erschossen, und für uns begann man, jemanden zu suchen, der uns den General ersetzen könnte. Doch man fand niemanden, was kein Wunder ist, denn einen zweiten General wie unseren General hat es vor ihm nicht gegeben und wird es nach ihm nicht geben. Es blieb nichts anderes übrig, als den Affen auf dem Posten des Generals zu bestätigen. Denn irgendeinen General müssen wir doch haben.

So leben wir denn unter der neuen Führung. Aber um die Wahrheit zu sagen, wir spüren keinen Unterschied.

Um einen neuen Ball

An den Höchsten Rat
des Höchsten Verbandes
der Höchsten Gesellschaftssysteme

Hiermit möchte ich die Aufmerksamkeit des HRHVHG auf den Fußball lenken.

Die Menschen schauen sich ein solches Ballspiel an und wissen nicht, wie das Ergebnis sein wird; es könnte ihnen einfallen zu glauben, auch der HRHVHG wisse es nicht. Was die Vermutung ermöglicht, der HRHVHG wisse irgend etwas nicht.

Wenn das Spielergebnis ungleich ist, zum Beispiel 1 : 0 oder 0 : 1, sagen die Leute, die Mannschaft, die mehr Punkte errungen hat, sei besser. Das aber widerspricht dem fundamentalen Grundsatz, daß niemand besser ist als der andere und nur der HRHVHG besser als alle. Es sei denn, der HRHVHG beschließe, jemand sei besser als ein anderer – bis auf Widerruf.

Ein unkontrolliertes Spielergebnis öffnet der Ansicht Tür und Tor, man könne gewinnen oder verlieren. Die Mannschaft, die gewinnt, ist zufrieden auf Kosten der Mannschaft, die verliert und unzufrieden ist, während doch die Zufriedenheit gleichmäßig verteilt sein sollte und es Unzufriedenheit gar nicht geben dürfte.

Allein schon die Form dieses Balles widerspricht der Form unseres Systems. Denn dieser Ball ist rund und rollt, unser System dagegen steht und stützt sich. Wenn er rollt, kann er hierhin und dorthin rollen, während unser System überhaupt nirgendwohin rollen kann, weil es unverrückbar ist. Ich schlage darum den Austausch des runden Balles gegen einen quadratischen, also einen Würfel vor. Ein quadratischer Ball bewegt sich nie von selbst, ja sogar wenn man ihn von einer Seite auf die andere legt, ergibt das keinen Unterschied.

Da auch das Kindervolk mit einem Ball spielt, wird die erziehungspolitische Bedeutung des quadratischen Balles groß sein.

Zusammenfassend schlage ich folgende Reformen vor:

a) Jedes Spielergebnis wird von vornherein durch die Zentrale Plankommission festgelegt, und zwar ein Jahr vorher, im Gesetzblatt verkündet und von den Massenmedien veröffentlicht. Das erbringt zusätzlich Devisen- und Kalorien-Ersparnisse, weil die Spiele dann überhaupt nicht mehr stattzufinden brauchen.

b) Jede Mannschaft, die aufgrund der entsprechenden Festlegung der Kommission als Verlierer proklamiert wird, ist verpflichtet, Zufriedenheit kundzutun. Die Formen der Zufriedenheit wie spontane Freudenkundgebungen außerhalb des Klubgeländes (auf Straßen und Plätzen), Dankesbriefe an den HRHVHG und Selbst-Gratulationen werden erarbeitet und den Zufriedenen zur Kenntnis gebracht. Dasselbe betrifft die Mannschaften, die als Gewinner proklamiert werden.

c) Grundlage für die Kalkulation der Ergebnisse im jeweils folgenden Festlegungsjahr ist der Grad der Zufriedenheit, den die einzelnen Mannschaften äußern. Auf diese Weise wird das Wettbewerbselement nicht nur nicht eliminiert, sondern in gesunde und konstruktive gesellschaftliche Bahnen gelenkt.

Mit sportlichem Gruß
Sławomir Mrożek

Die Anzeige

An den verehrten Herrn Geheimpolizeichef

Hiermit zeige ich ergebenst an, daß mein Nachbar antistaatlich erblindet.

Anscheinend erblindet er, weil er sein Augenlicht verliert, aber ich weiß es besser, denn ich habe manchmal mit ihm auf der Treppe gesprochen, und einmal hat er etwas zu mir gesagt, womit er sich verraten hat.

Er hat gesagt:

»Ich kann eure Fressen nicht mehr länger sehen.«

Damit kann er nur meine und – verzeihen Sie mir – Ihre meinen. Denn welche sonst? Er erblindet also absichtlich, das heißt antistaatlich und antigesellschaftlich, denn meine ist gesellschaftlich und Ihre staatlich.

Kaum wurden seine Augen schwächer, da habe ich sofort begriffen, daß er unter dem Deckmantel des Verlusts seines Augenlichts eine perfide Arbeit leistet. Hinter dieser aber stehen bestimmte Kreise und bekannte Kräfte.

Ein weiterer Beweis dafür, Herr Geheimpolizeichef, ist der, daß er jetzt zuhause rumsitzt und nur lächelt. Ich habe es selbst durch das Schlüsselloch gesehen. Er saß im Sessel und hatte auf den Knien einen Packen alter Briefe, zusammengebunden mit ausgeblichenen Bändchen. Das sind die Briefe seiner Frau aus ihrer Verlobungszeit, sie lebt schon lange nicht mehr. Ich weiß, von wem sie sind, weil ich sie gelesen habe, als er wegen seiner Augen im Krankenhaus lag und den Schlüssel bei mir ließ. Er streichelt die Briefe mit der Hand, denn lesen kann er sie nicht mehr, und lächelt. Doch was gibt es da zu lächeln, Herr Geheimpolizeichef? Man weiß ja, in welcher Zeit wir leben. Das heißt, er lächelt zufrieden darüber, daß es ihm gelungen ist, uns zu betrügen, weil er anscheinend ganz zufällig erblindet, und wir wissen von nichts. Wir wissen es aber, wir wissen es sehr gut, wir hier im Block-Komitee wissen alles sehr genau. Wegen seines Lächelns schlage ich eine zusätzliche Strafe vor.

Und ebenso, weil er aus der Reihe tanzt. Und wegen seiner unkollektiven, individualistischen Einstellung. Denn erblinden – das kann ja jeder. Gefällt es ihm etwa nicht zu sehen, was bei uns geschieht?

Wahrsagung

Aleksander Bytomski, der ältere Kellner im Restaurant »Extra Lux«, stürzte, während er den Gästen im Obergeschoß das Geflügel servierte, und das Geflügel landete auf dem Parkett.

Zeuge dieses Vorgangs war unter anderen der Schüler des Staatlichen Gastronomie-Technikums Wawrzoniewicz. Kaum eine Stunde zuvor hatte Bytomski ihm einen schmerzhaften Fußtritt versetzt und ihn im Durchgang zwischen Küche und Speisesaal verbal beleidigt.

»Nun ja«, sagte Bytomski wie zu sich selbst. Dann erhob er sich vom Fußboden und fügte hinzu: »Das war keine Absicht, Herr Oberst.«

Oberst Żniwo, der Chef eines Departements, warf ihm einen gleichsam versonnenen Blick zu. Er hatte Mariolka, Mitglied des Ballettensembles »Weißer Adler«, in präkopulativer Absicht zum Abendessen eingeladen. Darum meinte er, trotz seiner persönlichen Müdigkeit und trotz der schwierigen Situation im Lande, er müsse vor ihr seine Potentialitäten beweisen.

»Ihr Name?« fragte er Bytomski.

»Ich räume das sofort weg!« rief Bytomski, fiel auf die Knie und wollte das Huhn in Butter schon mit bloßen Händen ergreifen, als . . .

»Nein«, widersetzte sich die bereits angetrunkene Mariolka, »lassen Sie das liegen.«

»Hä?« wandte sich Żniwo fragend an sie.

Doch statt zu antworten, beugte sie sich schwankend über den Vogel und musterte ihn mit mühsam gespannter Aufmerksamkeit. Bytomski kniete vor Żniwo und erwartete dessen weitere Entscheidungen.

»Ich sehe den Sieg des Sozialismus auf der ganzen Welt«, verkündete Mariolka. Żniwo hieß Bytomski mit einer leichten Kopfbewegung sich entfernen. »Ich sehe, wie unser Lager des Friedens und des Sozialismus seine Standarten auf den Trümmern des Kapitalismus und Imperialismus aufpflanzt.«

»Wo sehen Sie das?« fragte Żniwo sachlich.

»Hier.« Mariolka wies auf das Huhn. »Ich kann aus Vögeln wahrsagen. Oh, ich sehe noch etwas!«

»Vielleicht genügt das«, opponierte Żniwo sanft. »Im Prinzip haben Sie alles gesehen.«

»Ich sehe einen Mann auf etwas Weißem ... Wie auf einem Pferd. Oh! Gerade reitet er durch das Tor ein, ich kenne ihn irgendwo her.«

»Woher?« fragte der Oberst unwillkürlich.

»Gleich, gleich, wo ist das, eine so schöne Stadt, ein großes Land ... Ach ja! Jetzt sehe ich's, das ist Paris, er ist in Frankreich.«

»Aber wer?«

»Sie. Ja, jetzt erkenne ich's. Sie werden zum Gouverneur von Paris ernannt werden.«

»Etwas ist daran«, stimmte Żniwo zu. »Es gibt Perspektiven. Obgleich ich an Wahrsagungen nicht glaube.«

Trotzdem gestattete er mit einer Handbewegung, daß Bytomski aus der Entfernung zurückkehrte und das Geflügel definitiv forträumte. Nach seinem Namen fragte er ihn nicht mehr.

Noch am selben Abend versetzte Bytomsky Wawrzoniewicz im Hintergrund weitere Fußtritte.

Wawrzoniewicz ging nach Hause, legte sich aber nicht schlafen, sondern begann, den adligen Herrn Bakunin, den Fürsten Kropotkin und den Hochwohlgeborenen Saint-Just zu studieren.

Das Leben ist schwer

Bing warf die nicht mehr benötigte Keule zur Seite.

»Das Glück der Menschen ist angebrochen«, sagte er und benagte Bongs Schädel. »Dieser Schädel schmeckt mir sehr gut, und ich bin glücklich, daß ich Bongs Schädel benagen kann und nicht Bong meinen. Die Voraussagen vom goldenen Zeitalter sind in Erfüllung gegangen.«

»Was würde Bong dazu sagen«, ließ sich Kangoor vernehmen, der Sohn eines Champignons und eines Nobelpreisträgers auf dem Gebiet der Genetik. Nach dem letzten Krieg war eine weltumfassende Entvölkerung eingetreten und demzufolge ein Mangel an zwischenmenschlichen Beziehungen. Nur Spezialisten vermochten noch – stellvertretend – mit niedrigeren Organismen zu kopulieren. Kangoor sprach seinen Gedanken vorsichtig aus, das heißt hinter einem Busch, in angemessener Entfernung vom bewaffneten Bing.

»Der Irrtum der Idealisten«, entgegnete Bing und saugte den Unterkiefer aus, »bestand nur darin, daß sie die Menschheit als abstrakte, mithin als unsterbliche Qualität ansahen und die Sterblichkeit der einzelnen Individuen vergaßen. Auch die Bongs. Bong hat darum nichts mehr zu sagen. Außerdem – das war kein Irrtum *sensu stricto,* weil die Menschheit eine abstrakte Qualität *ist.*«

»Die jedoch nur von einem einzelnen postuliert werden kann«, beharrte Kangoor. »Zum Beispiel von dir.«

»Dann ist ja alles in Ordnung«, folgerte Bing und verschlang gleichzeitig den letzten genießbaren Teil von Bongs Schädel. »Ich lebe und postuliere!«

Nachdem er das gesagt hatte, rülpste er und warf einen genaueren Blick auf Kangoor, exakter gesagt auf die

Büsche, in denen sich dieser versteckt hielt. »Könntest du dort endlich herauskommen? Ich rede nicht gern mit jemandem, dessen Gesicht ich nicht sehen kann.«

»Wo ich doch kein Gesicht habe, nur einen Rüssel«, antwortete Kangoor bescheiden. »Der zudem noch infolge radioaktiver Mutationen an keinen der bekannten Rüssel erinnert.«

»Um so interessanter ist er«, versicherte Bing. »Evolution und Fortschritt, das hat mich immer interessiert. Dein Vater kannte sich in den Dingen aus. Ich würde dich gern aus der Nähe betrachten.«

»Ich sehe dich von hier aus vorzüglich«, beharrte Kangoor. Von Champignonseite her hatte er die Vorliebe für Waldesstille und die Abneigung gegen offene Flächen geerbt, von Nobelpreisträgerseite die grundlegende Intelligenz.

»Subjektivismus«, tadelte ihn Bing. »Du hast zu mir ein Objektverhältnis, du versagst mir die Subjektivität. Entgegen den Grundvoraussetzungen der Ethik. Du erkennst mich nicht als gleichwertiges Individuum an.«

»Aber nein, ich erkenne dich an!« sagte Kangoor empört. »Und eben deshalb verlasse ich die Büsche nicht.«

»Dann komme ich jetzt dorthin«, rief Bing, ergriff seine Keule und nahm Anlauf in Richtung auf das Gebüsch. Kangoor versuchte zu fliehen. Leider hatte er den unteren Teil seines Körpers von dem Champignon geerbt und besaß infolgedessen nur ein dickes Bein, während Bing über zwei normale verfügte. Er kam deshalb nicht weit.

»Was nun?« fragte Kangoor, nachdem Bing schon eine ganze Weile reglos und in tiefe Gedanken versunken auf ihm gesessen hatte. »Ich möchte dich nicht stören, wüßte aber gern, was du mit mir machen wirst.«

»Ich habe Appetit auf eine Suppe, doch weiß ich nicht, ob es eine Pilz- oder eine Nobelsuppe werden soll.«

»Wenn das so ist, will ich dir mein Familiengeheimnis

verraten. Meine Mutter war keine geborene Champignon.«

»Sondern?« interessierte sich Bing.

»Fliegenpilz.«

»Dein Vater hat eine Fliegenpilz gevögelt?«

»Er kannte sich in der Genetik aus, aber nicht bei den Pilzen. Und außerdem verbitte ich mir diese ordinäre Bezeichnung.«

»Fliegenpilze sind doch giftig.«

»Nur bei gastronomischer Verwendung, zum Beispiel als Suppe.«

»Plötzlich hat sich alles kompliziert«, sagte Bing mit einem Seufzer. »Und ich habe gedacht, wir leben im goldenen Zeitalter.«

»Vielleicht muß man auf die Verwirklichung der Utopie noch ein wenig warten«, tröstete Kangoor ihn melancholisch. »Dann warten wir eben.«

Einer anderen Meinung jedoch war Aleksej Samowarowitsch, Nachkomme eines einfachen Soldaten der Roten Armee und eines Samowars. Sein ferner Vorfahr hatte ohne irgendein Labor, nur mit einfachsten Werkzeugen, ohne Spezialausbildung, dafür aber ausgestattet mit wissenschaftlicher Weltanschauung, Begeisterung und unverbrauchter Vitalität, in der Stille einer Garnison an der chinesischen Grenze ein sehr viel schwierigeres Experiment vollbracht als jenes, dessen Frucht Kangoor war.

Zur Zeit näherte sich Aleksej Samowarowitsch, halb junger Mann, halb Samowar, Kangoor und dem auf ihm sitzenden Bing.

»Vielleicht etwas Tee?« schlug Kangoor Bing vor, als er Samowarowitschs Ähnlichkeit mit einem Samowar bemerkte. »Wenn das auch keine Suppe ist, immerhin etwas Warmes.«

»Tschaj njet«, verkündete Aleksej Samowarowitsch entschieden und befreite Kangoor von Bing und Bing von Kangoor. Das geschah gewissermaßen automatisch, denn

Aleksej hatte, obgleich er ein Samowar war, das allseitige Befreien in den Genen. Er war ja ein Nachkomme der Roten Unbesiegbaren. Weil aber im Vaterland seiner Vorfahren alles immer am größten gewesen war, hatten auch seine Samowarteile Lokomotivgröße. Nichts konnte seiner Befreiungskraft widerstehen.

»Job twoju matj«, riet er den am Boden Liegenden und entfernte sich nach Westen. Er umkreiste nämlich in westlicher Richtung die Erdkugel, bei ihm gleichfalls ein atavistischer Zug.

»Um auf das unterbrochene Gespräch zurückzukommen«, sagte Kangoor und bemühte sich, die im Gebüsch verstreuten Fragmente seines einen Beins zu einem Ganzen zusammenzufügen und am Rumpf zu befestigen. »Was hast du beschlossen?«

»Ich habe es satt, mich mit Mutanten einzulassen«, antwortete Bing, wenn auch undeutlich, denn die Keule steckte ihm in der Kehle. Anschließend verließ er auf allen vieren den Schauplatz. Wahrscheinlich auf der Suche nach einem rein menschlichen Wesen, ohne irgendwelche genetischen Beimischungen, einem Wesen wie er selbst oder wie der verstorbene Bong.

Das Jüngste Gericht

Ich starb und kam ins Jenseits. Das Tor zum Jenseits war mit einer roten Fahne geschmückt.

»Eigentlich hatte ich eine himmelblaue erwartet«, sagte ich zum Türhüter.

»Sind Sie vor langer Zeit gestorben?«

»Nein, eben erst, vor einem Augenblick.«

Der Portier nickte, als hätte er genau diese Antwort erwartet. Selbstzufrieden wie ein Kenner, der einen Gegenstand richtig beurteilt hat.

»Herkunft?«

»Von der Erde. Das heißt vom Planeten.«

Er blickte mich mit der Nachdenklichkeit des Experten an, der sich nach der Erkenntnis die Methode überlegt. Er hatte etwas unendlich Fachmännisches an sich, obwohl ich nicht festzustellen vermochte, um welches Fach es sich handelte. Gewiß nicht um einen einfachen Portier. Gleichzeitig aber konnte ich mich des Eindrucks nicht erwehren, diesem Fach schon irgendwo begegnet zu sein.

»Nun«, sagte er, »wir wollen daraus keine große Geschichte machen, obwohl Sie wegen solcher Scherze Schwierigkeiten haben könnten. Wegen der unernsten Beziehung, meine ich. Aber diesmal verzeihen wir's Ihnen. Herkunft?«

»Habe ich doch schon gesagt.«

Er schlug mit der Faust auf den Tisch.

»Arbeiter oder Bauern oder Intelligenz. Etwa Großgrundbesitzer, wie?«

»Großgrundbesitzer? Nein, warum denn«, verneinte ich eifrig, weil sich ein alter Reflex in mir regte.

»Dann das hier ausfüllen!« Und er schob mir ein Formular mit vielen Rubriken zu, gedruckt auf dem mir vertrauten grauen Papier von schlechter Qualität.

»Ich wollte damit nur sagen, ich habe gedacht, hier ist alles bereits bekannt. Also brauche ich nicht ...«

Er hob den Blick zum Himmel, wenn man so sagen darf, denn wir befanden uns ja im Himmel – mit engelhafter, aber drohender, weil allzu ostentativer Geduld.

»Natürlich ist es bekannt. Aber was hat das damit zu tun? Bekannt und ausfüllen, das sind verschiedene Dinge.«

»Wie auf Erden also auch im Himmel?«

»Genau.«

Er reichte mir einen Federhalter an einem Kettchen (damit die Bittsteller ihn nicht stahlen? Aber hier, im Himmel?!), den ich auch schon kannte. An der Spitze der Stahlfeder hingen die Reste einer getöteten Fliege.

»Deutlich schreiben und nichts auslassen.«

Was denn, heiliger Petrus, hier ist doch der Himmel und nicht die Erde, wollte ich sagen, warf aber einen Blick auf sein glattrasiertes Gesicht und verzichtete. Der heilige Petrus trägt, soviel ich weiß, einen üppigen Bart. Vielleicht ist er für eine Weile fortgegangen, und der hier ist nur sein Helfer, der in Abwesenheit des Chefs seine Macht mißbraucht? Offenbar geschieht das sogar im Himmel. An solche Kleinigkeiten darf man sich nicht klammern, zumal darüber hinaus alles in Ordnung zu sein schien. Ein großes Porträt von Gottvater mit großem, regelrechtem Bart hing an der Wand im Portiersraum.

Mit einem Einlaßschein versehen, begab ich mich in die Tiefe des Paradieses. Neugierig schaute ich mich im Gelände nach Engeln und erlösten Seelen um. Ich traf sie auch bald, aber sie sahen irgendwie seltsam aus, das heißt ein bißchen anders als erwartet. Statt einzeln auf individuellen Wolken zu sitzen, gingen sie in geschlossener Kolonne mit einem Blasorchester an der Spitze irgendwohin. Das Orchester ließ sich noch erklären. Auf verschiedenen Bildern, die ich zu Lebzeiten gesehen hatte, benutzten Engel Trompeten, obwohl sie auch auf Harfen spielten; hier aber gab es nur Trompeten. Mehr noch wunderten mich ihre dicht an den Schultern gestutzten Flügel, die keine Flügel mehr waren, sondern Stümpfe. Ich schloß mich dem letzten Glied an. Wie in jeder Kolonne schleppten sich auch in dieser am Schluß die unschönsten und am wenigsten munteren Exemplare. Kleinwüchsig und wortkarg. Niemand sagte etwas zu mir, folglich mußte ich nach einiger Zeit das Gespräch beginnen.

»Alleluja«, sagte ich zu einem, der sich am letzten Ende dahinschleppte, weil er der langsamste war. Ich nahm an, daß man sich hier so grüßte.

»Alleluja«, entgegnete er, aber ohne Begeisterung, gleichsam nur formell.

»Wie ist's mit der Erlösung«, fuhr ich fort, dann aber betroffen durch seine Reserviertheit: »Geht's gut?«

»In Ordnung«, antwortete er und bedachte mich mit einem kurzen, forschenden Blick.

»Und dieser Zug – wohin?«

Er musterte mich länger und aufmerksamer, antwortete aber nicht.

»Entschuldigen Sie, daß ich frage, aber ich komme gerade von der Erde und konnte mich noch nicht orientieren.«

»Von der Erde?« wiederholte er, aber immer noch mit dieser Reserviertheit.

»Gerade erst, und am Tor konnte ich nichts in Erfahrung bringen. Dieser heilige Petrus wirkt, als wäre er's nicht, man kann nicht mit ihm reden.«

»Der heilige Petrus?«

»Er oder sein Stellvertreter, das weiß ich auch nicht genau und getraute mich nicht zu fragen, weil er mich etwas von oben herab behandelt hat.«

Der Wortkarge schwieg eine Weile.

»Wie soll ich wissen, ob Sie wirklich von der Erde kommen oder nicht von der Erde«, sagte er schließlich.

»Es genügt, mir auf den Rücken zu schauen. Ich habe noch keine Flügel, die kriege ich erst nach dem Gerichtsverfahren, selbstverständlich falls ich bestätigt werde.«

»Richtig«, stimmte er zu, und sein Gesicht hellte sich auf. »Entschuldigen Sie die Vorsicht, aber wenn Sie erst länger hier sind, werden Sie das verstehen.«

»Trotz allem, eure Flügel sind interessant, eher Pinsel als Flügel. Warum sind sie so kurz?«

»Lassen Sie uns etwas zurückbleiben«, schlug er vor. Wir gingen langsamer, bis sich zwischen uns und dem Ende des Zuges ein Abstand gebildet hatte.

»Das ist doch einfach«, sagte er, als die letzten Engel uns nicht mehr hören konnten. »Wozu dienen die Flügel?«

»Wozu wohl, zum Fliegen natürlich.«

»Und wenn man fliegen kann, dann kann man irgendwohin fliegen, nicht wahr?«

»Das ergibt sich von selbst.«

»Und wenn man fliegen kann, dann kann man auch wegfliegen, nicht wahr?«

»Wieso denn wegfliegen ...«

»Eben so, um nicht wiederzukommen.«

Mir begann etwas zu dämmern.

»Sie wollen damit sagen, daß sie uns absichtlich so kurze Flügel geben, damit wir nicht ...«

Statt zu antworten, wedelte er mit den Stümpfen. Er erhob sich dabei keinen Zentimeter.

»Aber das ist doch Unsinn! Wer wird aus dem Paradies fliehen wollen?«

»Das kommt darauf an. Es hat sich hier viel geändert seit der Zeit, in der Sie Religionsunterricht hatten.«

»Richtig, den Katechismus habe ich vor langer, langer Zeit gelernt. Noch in einer Vorkriegsschule.«

»Da haben wir's. Inzwischen ist die Geschichte vorangeschritten. Nach ihren unerbittlichen Gesetzen.«

»Könnten Sie mir das näher erklären?«

»Was haben Sie gelernt, zum Beispiel über die Sünde?«

»Das Normale. Du sollst nicht stehlen, nicht töten ... die ganzen zehn Gebote.«

»Nicht aktuell.«

»Wieso denn nicht aktuell? Darf man jetzt stehlen und töten?«

»Weder darf man noch darf man nicht. Es geht überhaupt nicht mehr darum. Jetzt gibt es andere Kriterien. Sünde ist alles, was den gesellschaftlichen Fortschritt hemmt, und Tugend alles, was ihn beschleunigt. Wenn Sie unbedingt stehlen wollen, dann stehlen Sie in Sachen Beschleunigung. Ebenso steht's mit dem Töten. Nur danach werden Sie gerichtet.«

»Langsam, langsam, ich kann nicht folgen. Das heißt, das Paradies ... das Paradies ist jetzt fortschrittlich?«

»Mehr noch. Das Paradies ist jetzt die letzte Verwirklichung – Sie wissen schon wessen. Nach unentrinnbaren Gesetzen ... Das haben Sie doch wohl gelernt – nach dem Kriege.«

»O Jesus!« stöhnte ich.

»Was für ein Jesus? Ich empfehle Ihnen, mit dem Namen vorsichtig umzugehen.«

»Also ist dieser heilige Petrus ...«

»Was für ein heiliger Petrus? Längst liquidiert.«

»Aber die Leitung hat sich doch nicht geändert. Ich habe selbst das Porträt gesehen.«

»Von dem mit dem Bart, was? Erinnern Sie sich an kein anderes Porträt, auch mit Bart, ziemlich ähnlich?«

Eine Erleuchtung überkam mich.

»Karl?!« rief ich aus.

Er nickte. Worte waren nicht mehr nötig.

Der Himmel drehte sich vor meinen Augen. Ich wollte umkehren und mich in höchster Eile davonmachen, erinnerte mich aber daran, wer am Tor stand. Der andere umfaßte mich mit dem Arm.

»Was hilft's, Bruder«, sagte er mitfühlend. »Die unerbittlichen Gesetze der Geschichte.«

»W-wohin gehen w-wir j-jetzt«, stammelte ich.

»Zur Kundgebung.«

»Was denn für eine Kundgebung ...«

»Sie werden jemanden richten, und wir kommen als Stimme des Volkes. ›Hoch soll er leben‹ – ›Weg mit ihm‹, du kennst das doch.«

»Ja«, flüsterte ich und schaute in den Himmel, das heißt hinunter. Wären wir auf der Erde, würde ich sagen: zu Boden.

»Aber Moment mal, vielleicht bist du es, der gerichtet wird? Du bist doch noch nicht gerichtet, du gehst doch erst zum Gericht.«

»Stimmt, ich bin's, mich ...«

Er nahm sofort Abstand.

»Sei mir nicht böse, aber wir sehen uns erst nach der Verhandlung wieder«, sagte er schnell. »Du verstehst ja selbst ...«

»Meinst du, ich werde verurteilt?«

»Ein Felix bist du nicht, und die kennen keinen Spaß. Im alten System gab es solche Dinge wie Sündenvergebung, jetzt nicht mehr, nur Recht und Gesetz. Unerbittlich.«

Er schloß sich den Engelskollegen an. Von nun an sprach er nicht nur nicht mehr mit mir, er tat auch, als sähe er mich nicht.

Mit gesenktem Kopf schleppte ich mich hinter ihm her. »Die unerbittlichen Gesetze«, »Die kennen keinen Spaß« – dröhnte es mir im Kopf. So also ist jetzt der Himmel, von dieser Art! Welche unwahrscheinliche, welche geradezu betäubende Veränderung, wer konnte das vermuten, das voraussehen!

Und dennoch, wenn man genauer nachdenkt, keine so überraschende Veränderung. Hatte ich nicht lange genug auf Erden gelebt, in der zweiten Hälfte des zwanzigsten

Jahrhunderts? Hatte ich nicht genügend Zeitungen in verschiedenen Sprachen, wissenschaftliche Abhandlungen und literarische Werke gelesen? Hatte ich nicht genug Radiosendungen und gesellige Gespräche gehört, Fernsehsendungen angeschaut? Hatte ich womöglich nicht verstanden, was und wie sie reden, schreiben, abbilden? Ich hatte es durchaus verstanden. Ich hatte beobachtet, wie die neuen Werte wuchsen, wie sich die Begriffe von Gut und Böse wandelten, wie die alte Religion verging und die neue erstand. Folglich?

Folglich hat nicht meine Vernunft getrogen, sondern mein Glaube. Ich hatte einfach nicht geglaubt, daß es wirklich so und ganz so ist. Meine persönliche Erfahrung erlaubte mir nicht zu glauben, daß sie auch, daß sie freiwillig ... Und jetzt bin ich hier, völlig unvorbereitet für das Gericht, von dem meine ewige Erlösung oder meine Verdammnis für immer abhängt.

Denn wenn es eine Erlösung gibt, muß es auch eine Verdammnis geben.

Demzufolge ...

Da war schon die Stätte des Jüngsten Gerichts. Ein weites Tal, darüber ein hochragender Berg, alles mit rotem, präsidialem Tuch bedeckt. Der Zug hielt im Tal, der Berg war besetzt mit den Patriarchen und Vätern der Neuen Kirche, den Seligen, Propheten und Heiligen von unten nach oben, nach Rang und Dienstgrad, bis hin zur Dreifaltigkeit auf dem obersten Gipfel. Der Höchste mit dem bereits erwähnten kolossalen Bart befand sich ganz oben. Er saß auf einem Thron und hielt in der Hand die Schrift, alle Bände der Gesamtausgabe. Hinter seiner Schulter schaute der Ehrenvize hervor, der auch einen Bart trug, aber einen gestutzten und nicht so lockig. Links vom Höchsten saß der Kahle mit dem kleinen, spitzen Bärtchen und rechts der nur Schnurrbärtige. Und tiefer – ach, wer nicht alles dort war.

Ich stand allein zu Füßen dieses Riesenberges und hinter mir die Menge des erlösten Volkes. Der Erzengel blies seine Trompete – ich konnte nicht erkennen, ob es Suslow war oder Budjonny –, und der Prozeß begann.

Zuerst las der Gerichtssekretär meine Akten vor. Ich erkannte ihn. Zu Lebzeiten war er kein großer Sekretär gewesen, das heißt, man kannte ihn in der Welt weniger als andere Erste Sekretäre, dafür aber kannte man ihn bei uns sehr gut. Es war der mit dem kleinen Schnurrbärtchen à la Bürste, nach oben gekämmt. Viele meiner Landsleute erinnern sich noch an ihn, vermutlich war ihm mein Fall zugewiesen worden, weil ich früher zu seinem Terrain gehört hatte. Mein gesamtes Erdenleben wurde in diesen Akten beschrieben. Es sah kläglich aus. Zwar hatte ich in jungen Jahren allerlei frommen Organisationen angehört, aber als inaktives Mitglied, eigentlich als Pharisäer. Und später ... Je später desto schlimmer.

»Viele Sünden hat der Angeklagte auf dem Gewissen«, begann der Vorsitzende, mußte aber unterbrechen, weil irgendein Gerede ihn störte. »Bitte im Saal nicht zu reden«, ermahnte er einen Kleinen, Dicklichen mit Brille und Scheitel, der in der Gruppe der Seligen seine Nachbarn über etwas belehrte, flüsternd zwar, aber leidenschaftlich. »Viele schwere Sünden hat er begangen, viele Beleidigungen Gottes.«

»Weg mit ihm!« schrie die Menge im Tal.

»Doch das Jüngste Gericht will seinen Fall bis zum Ende untersuchen und ihm eine Erlösungschance geben.«

»Hoch soll er leben!« schrie die Menge.

»Angeklagter, treten Sie vor und beantworten Sie die Fragen. Alles wird von Ihren Antworten abhängen.«

Ich trat einige Schritte vor und blieb direkt am Fuß des Berges stehen. Ich mußte den Kopf tief in den Nacken legen, um den Gipfel sehen zu können.

»Bitte nicht stören«, wandte sich der Vorsitzende wieder an den, der nicht aufhören wollte zu reden. »S'il vous plaît.«

Ach, dachte ich mir, das ist ein Franzose.

»Nun die erste Frage. Wie ist das Verhältnis des Angeklagten zur feudalen Unterdrückung?«

»Ich mag sie sehr.«

Ein Raunen des Entsetzens ging über Berg und Tal. Es war nicht die volle Wahrheit, die Feudalen sind mir ziemlich gleichgültig, aber ich wollte um der größeren Sicherheit willen übertreiben. Ich durfte nichts riskieren, was mir mit Erlösung drohte. Nur der Franzose redete pausenlos, ohne mich zu beachten.

»Genosse Sartre, bitte verlassen Sie den Saal. Aha, der Angeklagte ist ein Anhänger der besitzenden Klassen? Dann sagt uns der Angeklagte vielleicht, was er von dem Widerspruch zwischen der kollektiven Produktionsweise und dem privaten Eigentum an Produktionsmitteln hält.«

Ich mußte das kleine Durcheinander abwarten, als Sartre hinausgetragen wurde, denn er wollte nicht selbst hinausgehen. Felix Dzierżyński trug ihn zusammen mit Thorez, aber er hörte nicht auf zu reden. Erst nachdem er draußen war, herrschte Ruhe, und in der Stille ertönten meine Worte.

»Das ist mir ganz egal. Wenn's nur Geld gibt.«

Es stöhnten Berg und Tal. Dem Vorsitzenden selbst verschlug es die Sprache. Er beherrschte sich jedoch und stieß nach einer Weile durch die zusammengebissenen Zähne:

»Das wird ja immer besser. Der Angeklagte unterstützt also die Ausbeutung?«

»Das kommt darauf an.«

»Worauf?«

»Darauf, ob sie groß oder klein ist. Wenn sie groß ist, unterstütze ich sie, und wenn sie klein ist, auch, aber weniger.«

Jetzt erklang nicht einmal ein Stöhnen. Das Entsetzen kann so groß sein, daß es sich nur im Schweigen äußert.

»Gehen wir zum Problem der nationalen Befreiungsbewegungen über. Welche Ansichten hat der Angeklagte in dieser Sache?«

»Geht es um die Polen?«

Die Stille platzte, und ein Aufschrei heiliger Empörung erfüllte das Himmelszelt. »Fort mit ihm, fort mit ihm, das ist eine Provokation!« schrie man im Tal, und auch der Berg schrie mit den Stimmen aller Erzengel, Propheten, Patriarchen und Heiligen. Es schien kein Ende nehmen zu wollen, bis der Höchste die Linke hob. Auf dieses Zeichen hin setzte wieder Stille ein. Der Höchste beugte sich vor und flüsterte dem Vorsitzenden etwas ins Ohr.

»Die letzte Frage«, verkündete der Vorsitzende. »Der Historische Determinismus möchte dem Angeklagten eine letzte Chance geben. Von seiner letzten Antwort hängt seine Erlösung ab. Möge der Angeklagte gut überlegen, ehe er antwortet. Wie ist sein Verhältnis zum ...«

Und nun nannte er das allerheiligste Wort, das heiligste der heiligen, so heilig, daß ich es hier nicht anführen kann, in dieser weltlichen und unwürdigen Erzählung. Ich kann nur enthüllen, und auch das bebend, daß es mit dem Buchstaben S beginnt.

Und wieder Stille, diesmal aber die tiefste aller Stillen, die Stille des Kosmos. Eine Stille, in der man nur die Umdrehung der Planeten hört, das Pulsieren der Sonnen und das Fortdauern der Galaxien. Und in diese Stille sagte ich:

»Ich scheiße drauf.«

Ein Donnerschlag. Abgründe taten sich auf und verschlangen den Lästerer. In Feuer und Rauch huschte ein Dicker an mir vorbei, die Zigarre in der einen, die Gabel in der anderen Hand. »Churchill?« lachte jemand krächzend, es war wohl Harry Truman, und wedelte mit dem schwarzen Schwanz, der Teer der Wall Street versengte mich, der Schwefel des Pentagon benahm mir den Atem.

Das also in Ewigkeit, Amen? vermochte ich noch zu denken und stürzte, weiterhin zweifelnd, ob es mir gelungen war, der Erlösung zu entgehen, kopfüber in die Hölle des Kapitalismus.

Die Zucht

Eines Tages kam der Hahn sehr aufgeregt zu mir.

»Angeblich legt der Fuchs eine Hühnerzucht an. Das ist nicht zulässig.«

»Warum? Eine Zucht, das ist Organisation, also Zivilisation.«

»Was heißt hier warum? Man weiß doch, wozu der Fuchs die Hühner braucht. Das ist ein verbrecherisches Vorhaben. Das muß unterbunden werden.«

»Wie?«

»Wir müssen mit dem Fuchs reden.«

»Ich auch?«

»Komm mit, ich brauche dich als Zeugen.«

Wir trafen den Fuchs vor den soeben gemieteten Räumen. Gerade befestigte er an der Tür ein Schild: Geflügelzucht. Leitung: Fuchs.

»Mach das sofort ab!« schrie der Hahn.

»Warum? Das ist eine solide Firma, die ein Büro braucht.«

»Sag's du ihm«, wandte sich der Hahn an mich.

»Der Hahn hält die Gründung einer Geflügelzucht durch den Fuchs für ungehörig.«

»Tut er das?« fragte der Fuchs besorgt.

»Sie könnte Widerstand wecken. Es gibt gewisse Verdachtsmomente und Vermutungen hinsichtlich der wirklichen Ziele des Unternehmens, die Kritik berechtigt erscheinen lassen.«

»Tatsächlich? Aber warum denn?«

»Wegen deines Verhältnisses zu den Hühnern.«

»Ich habe lautere Absichten, nur die Leute reden wer weiß was. Mir geht es um das Wohl der Hühner. Ich möchte ihnen angemessene Lebensbedingungen verschaffen.«

»Ach so, lautere Absichten«, spottete der Hahn empört. »Und was für Personal wirst du anstellen?«

»Auch Füchse, natürlich. Alles Fachleute.«

»Bitte sehr.« Der Hahn wandte sich wieder an mich. »Ist das nicht eine Unverschämtheit?«

»Ich fürchte, der Hahn hat recht. Eine von Füchsen betriebene Hühnerzucht, das könnte die öffentliche Meinung nicht ohne Vorbehalte akzeptieren.«

Der Fuchs versank in tiefes Nachdenken.

»Ja, wenn ihr beide dieser Ansicht seid ... Ich werde mich zurückziehen. Ich persönlich bin nicht ehrgeizig. Ich wollte nur das Beste für die Hühner.«

»Du verzichtest wirklich?« fragte der Hahn ungläubig.

»Selbstverständlich. Es tut mir nur um den schönen Plan leid, der das Gemeinwohl zum Ziel hatte.«

»Du trittst zurück, ohne dich zu widersetzen?«

»Wie soll ich dich anders davon überzeugen, daß mir weder an dem Geschäft noch an der leitenden Stelle gelegen ist?«

»Irgendwie kann ich dir nicht glauben.«

»Dann laß uns eine Fuchszucht durch Hühner anlegen.«

»Im Ernst?«

»Wenn es ungehörig ist, daß Füchse Hühner züchten, dann sollen halt Hühner Füchse züchten. Das wird die öffentliche Meinung zufriedenstellen, und ich werde über jeden Verdacht erhaben sein. Zumal ich dich zum Direktor ernenne.«

»Warum mich?« Der Hahn wunderte sich, aber nicht allzusehr.

»Ich finde keinen besseren Bewerber. Du bist hervorragend begabt, energisch und dabei schön. Ein Direktor sollte sich gut präsentieren.«

»Das muß ich mir überlegen«, sagte der Hahn nach einer Weile. »Ich bin zur Zeit sehr beschäftigt.«

»Können wir dennoch damit rechnen ...«

»Ich verspreche nichts. Im Augenblick werden mir viele leitende Stellen angeboten.«

»Verständlich. Trotzdem werden wir warten.«

Wir trennten uns. Einige Tage später kam ich wieder dort vorbei. Über der Tür hing ein Schild: Fuchszucht. Leitung: Hahn.

Im Warteraum drängten sich junge, fette, schmackhafte Hühner.

»Ist der Herr Direktor zu sprechen?« fragte ich das Huhn im Sekretariat.

»Beschäftigt. Er stellt gerade Personal ein. Wollen Sie warten?«

»Nein. Vielleicht ein andermal.«

Im Park begegnete ich dem Fuchs. Er saß auf einer Bank und las Zeitung.

»Was machst du so?« fragte ich.

»Vorläufig nichts. Ich warte auf die Eröffnung dieses Unternehmens«, antwortete er und leckte sich das Maul.

Zurückkehren oder nicht

Der Hahn, der Fuchs und ich waren auf Urlaub, als in der Hauptstadt die Macht wechselte. Wir versammelten uns zur Beratung.

»Meine Herren«, sagte ich, »die frühere Macht war zu uns so-so, weder gut noch schlecht. Jetzt hat sie gewechselt, kann mithin für uns besser oder schlechter sein. Ehe wir in die Hauptstadt zurückkehren, sollten wir demzufolge unbedingt in Erfahrung bringen, wie sie jetzt ist.«

»Aber um das in Erfahrung zu bringen, muß man erst zurückkehren«, bemerkte der Fuchs.

»Gefahrlos zurückkehren aber kann man nur, wenn die Macht für uns jetzt besser ist und nicht schlechter«, führte der Hahn den Gedanken weiter.

»Was wir indessen nicht in Erfahrung bringen, wenn wir nicht vorher zurückkehren.«

Schweigen sank herab.

»Und wenn nur einer von uns zurückkehrte und die Lage erkundete? Hat er sie erkundet, könnte er die anderen benachrichtigen.«

»Wer von uns?« fragte der Hahn und gab dadurch gleich zu verstehen, daß er sich nicht für den Freiwilligen hielt.

»Der die besten Qualifikationen hat. Jemand, der listig ist, durchtrieben und geschickt.«

Unser Blick fiel auf den Fuchs, unser, das heißt der des Hahns und meiner.

»Glaubt ihr wirklich, daß ich mich dazu eigne?« versuchte der Fuchs sich zu wehren. Heuchlerisch, wie beim Fuchs üblich. Schließlich wußte man, daß er als Fuchs die genannten Eigenschaften besaß, durch die sich der Kundschafter auszeichnen mußte.

»Bist du der Fuchs, oder bist du's nicht?«

Der Fuchs ließ den Kopf sinken. Er konnte ja nicht bestreiten, daß er es war.

Als wir den Fuchs am nächsten Tag verabschiedeten, beherrschten wir mannhaft unsere Rührung.

»Du wirst dir schon zu helfen wissen«, sagte der Hahn und legte ihm einen Fuß auf die Schulter. »Du bist doch der listigste von allen Füchsen. Wenn jemand sich mit Füchsen auskennt, bin ich's, und ich kann's beschwören.«

»Zumal wenn sich herausstellt, daß keine Gefahr existiert. Vielleicht empfangen sie dich mit offenen Armen?«

»Richtig. Auf jeden Fall darfst du sicher sein: Wir werden dich in bester Erinnerung behalten.«

Der Fuchs fuhr ab. Eine Zeitlang erhielten wir von ihm keine Nachricht. Wir begannen schon, uns zu beunruhigen, da kam ein Telegramm an:

»Für Füchse nicht übel. Fuchs.«

Wir atmeten erleichtert auf. Die Erleichterung wäre jedoch erheblich größer gewesen, hätte er den Inhalt des Telegramms nicht so knapp gehalten. Über mich und den Hahn stand in dem Telegramm kein Wort. Ehrlich gesagt, schon nach dem ersten Atemzug hörten wir auf, Erleichterung zu empfinden.

»Für Füchse ...«, sann der Hahn düster. »Gut, daß es für Füchse so ist. Aber für Hähne?«

»Für Hähne vielleicht auch?«

»Vielleicht. Aber nicht bestimmt. Im Telegramm steht kein Wort über mich.«

»Und über mich auch nicht.«

»Der Fuchs ist dumm!« erregte sich der Hahn und zerriß das Telegramm.

Wir warteten auf die nächste Nachricht. Sie kam nach einiger Zeit.

»Hähne gern gesehen. Fuchs.«

Diesmal atmete der Hahn erleichtert auf und atmete

dann so weiter. Er wurde fröhlich, seine Meinung über den Fuchs besserte sich.

»Ich verstehe jetzt, warum er mich vorher nicht erwähnt hat. Weil er, was mich betrifft, noch keine Gewißheit hatte. Jetzt hat er sie. Der Fuchs ist klug und ein guter Kollege.«

»Warum aber schreibt er über mich auch diesmal nichts?«

»Er schreibt nichts, weil er, was dich betrifft, noch keine Gewißheit hat. Folglich mußt du warten, ich aber fahre.«

Ich riet ihm, sich nicht so zu beeilen, weil ich ungern allein zurückbleiben wollte. Aber er mochte meinen Rat nicht annehmen.

»Wenn gern gesehen, dann gern gesehen. Schau mal, hier steht es ganz deutlich. Daraus geht sogar hervor, daß die Zukunftsaussichten der Hähne besser sind als die der Füchse. ›Gern gesehen‹, verstehst du? Das bedeutet Sympathie.«

»Und wenn das Telegramm gefälscht ist?«

»Unmöglich. ›Hähne gern gesehen‹ – das läßt sich nicht fälschen.«

Beim Abschied gab der Hahn der Hoffnung Ausdruck, ich würde ihm binnen kurzem folgen, wir würden uns alle drei in der Hauptstadt wiederfinden. Es war nett von ihm, daß er immerhin an mich dachte, obwohl er so beschäftigt war mit Gedanken über die Karriere, die ihn erwartete, so freudig erregt und ungeduldig. Wie ein Hahn.

Von nun an wartete ich einsam auf das dritte Telegramm. Täglich ging ich zum Postamt und fragte, ob es eingetroffen sei. Eines Tages betrat ich wie gewöhnlich die Post und bemerkte an der Wand ein Porträt, das zuvor nicht dort gehangen hatte. Das Porträt zeigte einen stattlichen Mann in natürlichen Farben.

»Wer ist das?« fragte ich den Beamten und wies auf das

Porträt über seinem Kopf. Er sah sich um, stand dann auf, nahm Haltung an und antwortete mit amtlicher Stimme:

»Das ist unser neuer, allergeliebtester Herrscher.«

Worauf er sich setzte und, nun privat, hinzufügte:

»Bekamen wir heute früh zugesandt.«

Ich betrachtete das Porträt. Der Anführer trug Paradeuniform. Auf dem Kopf hatte er einen Tschako, den ein Helmbusch aus Hahnenfedern schmückte, und an der Seite einen Säbel, den ein Fuchsschwanz zierte.

»Ja, es ist etwas für Sie gekommen«, fuhr der Beamte fort und händigte mir ein Telegramm aus.

Ich dankte und ging hinaus. Erst auf der Straße öffnete ich es und las:

»Du wirst es auch gut haben. Komm sofort. Hahn und Fuchs.«

Doch ich halte mich bis jetzt verborgen. Weil ich nicht weiß, habe ich etwas oder habe ich nichts, was unser neuer, allergeliebtester Herrscher sich irgendwo anstekken oder anhängen könnte.

Der Artist

Der Hahn las die Anzeige: Tiere gesucht – der Zirkus.

»Ich melde mich«, sagte er und legte die Zeitung zusammen. »Schon immer wollte ich Artist werden.«

Unterwegs spann er große Pläne:

»Ruhm und Geld. Und vielleicht sogar Reisen ins Ausland.«

»Und zurück«, fügte der Fuchs hinzu.

»Warum zurück? Im Ausland werde ich einen Vertrag mit der Metro-Goldwyn-Mayer unterschreiben.«

Der Direktor empfing ihn im Freien, wo er amtierte. Gerade wurde das Zirkuszelt aufgestellt. Ich und der Fuchs blieben in der Nähe stehen.

»Es freut mich sehr, daß Sie sich bei uns melden. Dürfte ich um Ihren werten Namen bitten?«

»Löwe«, stellte der Hahn sich kurz vor.

»Löwe?« Der Direktor wunderte sich. »Sind Sie dessen sicher?«

»Eventuell Tiger.«

»Nun gut. Dann brüllen Sie mal.«

Der Hahn brüllte, so gut er konnte.

»Naja, nicht schlecht, aber es gibt bessere Löwen als Sie ... Wenn Sie sich als Hahn verpflichten würden, wäre das etwas anderes. Dann könnte ich Sie engagieren.«

»Ich denke nicht daran, Ihnen zuliebe einen Vogel vorzutäuschen«, antwortete der Hahn gekränkt.

»Dann auf Wiedersehen.«

Auf dem Rückweg schwieg der Hahn grollend. Schließlich hielt ich das nicht mehr aus.

»Was ist dir nur eingefallen, warum wolltest du den Löwen spielen?«

»Warum, warum ...«, antwortete der Fuchs für ihn. »Hast du je einen Artisten ohne Ehrgeiz gesehen?«

Das Dreieck

»Wir sollten uns trennen«, sagte ich. »Schluß mit dieser Geschichte. Wir sind schon lange beieinander, haben viele Abenteuer zusammen erlebt, doch nun ist es genug, wir haben uns gegenseitig satt. Wozu das verheimlichen? Ich kann euch nicht mehr riechen.«

»Tut mir leid«, sagte der Fuchs, »aber ich bin's, der dich nicht mehr riechen kann. Und ihn auch nicht«, setzte er hinzu und wies auf den Hahn.

»Und ich weder ihn noch dich«, sprach der Hahn.

»Ich habe gesagt: gegenseitig. Das erste schließt das zweite nicht aus, das zweite nicht das dritte und das dritte nicht das erste. Punktum, wir alle haben unsere Gesellschaft satt. Es bleibt uns nur auseinanderzugehen.«

»Gut«, stimmte der Fuchs zu, »aber wer geht von wem weg?«

»Genau«, bestätigte der Hahn. »Einverstanden, aber wer geht als erster weg?«

»Niemand geht als erster weg. Wir gehen gleichzeitig auseinander.«

»Unmöglich«, sagte der Fuchs.

»Warum?«

»Wenn wir alle gleichzeitig auseinandergehen, wer bleibt dann hier, um festzustellen, daß wir nicht mehr da sind?«

»Das ist's. Jemand muß hierbleiben, um das festzustellen.« Damit unterstützte der Hahn den Fuchs.

»Dann bleibe ich hier.«

»O nein«, widersetzte sich der Hahn. »Du willst hier bleiben, als wäre nichts geschehen, und ich soll weggehen? Kommt nicht in Frage.«

»Das wäre auch in bezug auf mich ungerecht«, warnte der Fuchs.

»Dann gehe eben ich weg, und ihr bleibt hier.«

Der Hahn warf einen Blick auf den Fuchs, der Fuchs auf den Hahn.

»Und ich soll weiter diese Fuchsschnauze anschauen?«

»Und ich soll weiter diesen dummen Schnabel anschauen?«

»Nun, dann laßt uns alle gemeinsam hierbleiben.«

»Ja, das ist der einzige Ausweg«, sagte der Hahn nach kurzem Schweigen.

»Ja, das ist die einzige Möglichkeit«, gab der Fuchs nach kurzem Überlegen zu.

»Wer aber geht nun woandershin?« fragte ich.

»Mach dir keine Sorgen«, sprach der Fuchs. »Wir werden zwar gemeinsam hierbleiben, werden dafür aber nicht woanders sein.«

Das Seelenleben – das geistige und das künstlerische

Meine Personen!

Nein, ich sage nicht »Meine Damen und Herren«, wie das bis vor kurzem üblich war. Ich beginne meine Ansprache nicht auf so altmodische Weise, weil von der Zukunft die Rede sein wird, das heißt, wir beginnen mit dem gegenwärtigen Tag, zeitgenössisch, und enthalten uns sorgsam aller alten Gewohnheiten. Unterschiede, Abarten und Verschiedenheiten gehören bereits der Vergangenheit an, unter anderem die verschiedenen Geschlechter. Das erlaubt mir im übrigen, Unannehmlichkeiten, ja Schwierigkeiten zu vermeiden. Denn auch wenn ich die bedauerliche und auf der anderen Seite – obwohl ich, ehrlich gesagt, nicht weiß, auf welcher Seite – unrichtige Unterscheidung nach Frauen und Männern weiterhin betreiben wollte, müßte ich die Frauen zuerst nennen und dann die Männer, wie es alter Brauch war, oder erst die Männer und dann die Frauen, was allerdings nie Brauch war, doch könnte ich nicht anders verfahren. Denn die Linearität unserer menschlichen Sprache, die unerbittliche Tatsache, daß wir nicht zwei Wörter gleichzeitig aussprechen können, sondern sie nacheinander aussprechen müssen, hat zur Folge, daß eines der beiden Wörter als erstes gesagt werden muß und dann das zweite, oder das zweite zuerst und dann das erste, was bewirkt, daß jenes zweite, wird es zuerst ausgesprochen, zum ersten wird. Doch was geschähe, wenn ich, von dem alten Brauch veranlaßt, die Frauen an erster Stelle nennen würde, meine Vorlesung also mit dem traditionellen »Meine Damen und Herren« begänne? Das ist unschwer vorauszusehen. Manche Personen unter den Anwesenden, die man früher von anderen Personen unterschied und sie mit dem Namen Frauen versah, würden sich gekränkt fühlen. Warum aber? Darum, weil ich, wenn ich sie an den Anfang stellte, unweigerlich der Höflichkeit beschuldigt würde, will sagen, des paternalistischen Protektionismus. Ich würde beschuldigt, mich überlegen zu fühlen, denn absichtlich in den Hintergrund treten, sich höflich benehmen kann nur, wer meint, daß er, der Überlegene, sich das erlauben darf. Bewahre mich Gott davor, die Damen an erster Stelle zu nennen und die Herren an zweiter, falls ich diesen schrecklichen Fehler der Unterscheidung machen wollte. Unter dem Anschein der Höflichkeit bewiese ich mein Gefühl für Überlegenheit dem anderen Geschlecht gegenüber, womit ich dessen unbestreitbare und gerechte Empörung riskierte. Doch derselbe Gott bewahre mich gleichfalls davor, die Herren an erster Stelle zu nennen und die Damen an zweiter. Dann nämlich gäbe ich demselben Gefühl der Überlegenheit Ausdruck, und das nun ohne jeden Anschein, den man demaskieren müßte, sondern direkt und unmittelbar. Zum Glück muß ich das nicht, wir haben das oben dargestellte Dilemma bereits hinter uns, diese Überlegungen tragen mehr den Charakter historischer Studien, deren Ziel es ist, den grauenvollen Zustand aufzuzeigen, in dem wir lebten, als wir noch unterschieden. Uns den zurückgelegten Weg des Fortschritts bewußt zu machen, damit wir – und darum bitte ich die hier anwesenden Personen – das Heute besser zu schätzen wissen. Und das heißt, die erst recht begründete Hoffnung zu hegen, die Zukunft, die das Thema dieser Vorlesung sein soll, werde uns noch viel mehr Erleichterung bringen. Ich füge nur hinzu – um die Einleitung zu beenden und irgendwelche Verdächtigungen vollends abzuwehren, falls solche gegen meine Person genährt werden von Personen, die man früher Frauen nannte –, daß ich bei der ersten Schiffs-, Flugzeug- oder Landkatastrophe, die mitzuerleben mir bestimmt sein sollte, ohne Unterschied alle Personen treten werde, die sich zwischen mir und dem Rettungsboot befinden. Ich versichere, ich werde wegstoßen und treten, ohne einen Unterschied zu machen zwischen Männern und Frauen, genau im Sinne der Voraussetzung, daß derartige Unterschiede nicht existieren.

Ja, meine Personen, nicht zu unterscheiden und nicht zu trennen, auf diesem Wege liegt die Erlösung. *Distinguo* – ich unterscheide, dieses lateinische Wort war einst der Wahlspruch der Philosophen, die Methode der Gelehrten und die Praxis des täglichen Lebens. Und was ist dabei herausgekommen? Nur Unterschiede, Verschiedenartigkeiten und Ungleichheiten. Zum Glück haben wir das beizeiten bemerkt und die Richtung diametral geändert. Nicht die Unterschiede, sondern die Ähnlichkeiten leuchten uns jetzt voran, und von den Ähnlichkeiten gehen wir zur Identität über. Hoffen wir also, mehr noch, seien wir sicher, daß die Folgen ebenso umgekehrt sein werden wie die Ursachen. Auf diesem Wege werden wir zur Einheit der Alldinge und der Allphänomene gelangen, das heißt zur Göttlichkeit. Denn ist die Einheit, die Einzigkeit nicht eine göttliche Eigenschaft? Und sogar die Beseitigung des Unterschieds zwischen dem Sakralen und dem Weltlichen wird uns paradoxerweise, aber nur scheinbar paradoxerweise zur Heiligkeit führen, zu der einen, gemeinsamen, alles umfassenden. Daraus resultiert die Göttlichkeit, sogar dann, wenn die Unzufriedenen, die Rückwärtsgewandten, die Verteidiger des früheren Stils boshaft behaupten, daraus resultiere die Masse.

Doch ehe wir zur Göttlichkeit gelangen – oder zur Masse, wie unsere Feinde behaupten –, bleibt noch etwas zu tun. Nämlich den Universalschlüssel der Idee zu finden. Der menschliche Geist verrät immer noch die bedauerliche Neigung, verschiedene und gegensätzliche Ideen zu produzieren. Ich nenne zum Beispiel nur diese Massen-Prognose als Gegensatz zur Prognose der Göttlichkeit. Ach, was plagen uns alle diese Widersprüche, sie plagen vor allem die Besitzer der allein richtigen Idee, die dennoch unablässig deren Richtigkeit beweisen müssen, obwohl sie von Anfang an richtig war, ist und sein wird. Beweisen, das heißt sie mit Argumenten gegen widersprechende Ideen verteidigen, die trotz ihrer Unrichtigkeit stets lebendig sind oder wiedererstehen. Schauen wir uns die Reihenfolge dieser Prozedur an.

Erst schaffen wir eine Idee, danach bemühen wir uns, andere von ihrer Richtigkeit zu überzeugen. Das ist eine mühselige und undankbare Arbeit. Ein Argument widersetzt sich dem anderen, und sogar wenn das eine dem anderen schließlich unterliegt, taucht binnen kurzem ein neues Argument auf, das den Platz des überwundenen Genossen einnimmt, und die Anstrengung des Überzeugens dauert an, bis man betrübt feststellen muß, daß es hier kein Ende gibt. Nie darf man sich des endgültigen Erfolges sicher wissen. Muß das so sein? Ist dagegen kein Kraut gewachsen?

Nein, es muß nicht, dagegen ist ein Kraut gewachsen. Ich komme zum grundsätzlichen Teil meiner Ausführungen.

Können alle den Gegenstand sehen, den ich in Händen halte? Für die in den letzten Reihen eine kurze Beschreibung. Es ist ein aus Holz, am besten aus Eichenholz gefertigter Gegenstand von rund sechzig Zentimeter Länge, ein Ende ist dünner, das andere dicker. Das dünnere Ende kann, damit es sich besser greifen läßt, mit Gummi umwickelt sein, das dickere Ende mit Eisen beschlagen und mit Stahlzwecken gespickt. Ich präsentiere Ihnen dieses Grundmodell ohne Beschläge und Griff, die Varianten und Verbesserungen können sich ins Unendliche multiplizieren je nach lokalen Traditionen, Materialien, technischem Niveau, Produktionsmöglichkeiten, Erfindungsgabe des Produzenten und Präferenzen des Benutzers. Trotzdem leiten sich alle Abarten von demselben unendlich einfachen Modell ab, das man Knüppel nennt.

Die Anwendung geschieht folgendermaßen. Wenn wir unterwegs jemandem begegnen, schlagen wir ihm unverzüglich mit dem Knüppel auf den Kopf. Man muß stark genug zuschlagen, um ihn außer Gefecht zu setzen, doch nicht so stark, daß er völlig das Bewußtsein verliert. Wir hören also in dem Augenblick auf zu schlagen, in dem er, wenn auch noch nicht reglos, am Boden liegt und passiven Kontakt mit der Umgebung, in diesem Falle mit uns behält. Erst dann schreiten wir zum Gespräch. Zu diesem Zweck finden wir eine Idee, von der wir ihn überzeugen wollen. Schon der erste Blick auf die Situation gestattet uns, die Vorzüge unserer Methode zu beurteilen.

Erstens – wir sichern uns die totale Beliebigkeit bei der Wahl der Ideen. Wir können dem Gesprächspartner vorhalten, was immer uns einfällt, sowohl eine beizeiten vorbereitete Idee als auch eine, die sich uns in diesem Augenblick als Erleuchtung aufdrängt. Wir sind nicht durch vorzeitige Elimination beeinträchtigt, erst recht nicht durch mühselige Überarbeitung der Einzelheiten. Es handelt sich um ein sehr angenehmes Gefühl der Gedankenfreiheit, das den orthodoxen Denkern unbekannt ist.

Zweitens – und das erste ergibt sich aus dem zweiten – ist unser Partner hinreichend betäubt, um unsere Thesen ohne schwierige Gegenargumente zu akzeptieren. Wir überzeugen ihn von der Richtigkeit unserer Ansichten, sofort, wirkungsvoll und dauerhaft, weil bei den ersten Anzeichen einer Rückkehr zur vollen Handlungsfähigkeit einige zusätzliche, nicht einmal allzu starke Schläge genügen, um in ihm die tiefe Überzeugung zu festigen, daß wir recht haben.

Jetzt wird klar, warum wir diesen hier vorgeführten Gegenstand den Ideologischen Universalschlüssel nennen. Er ist ein Schlüssel, weil er den Überzeugungen den Weg erschließt, ideologisch, weil er in der Welt der Ideen Anwendung findet, und universal, weil er sich ausnahmslos für alle Ideen eignet. Die Bedeutung dieser Erfindung läßt sich kaum sogleich erfassen, besonders im Hinblick auf ihre Einfachheit. Aber waren die größten Entdeckungen nicht zugleich die einfachsten? Die Erde dreht sich um die Sonne und nicht die Sonne um die Erde – diese Behauptung ist nur die einfache Umkehrung der ihr vorausgehenden Behauptung, und dennoch sind ihre Implikationen und Konsequenzen unermeßlich. In ähnlicher Weise entdecke ich, daß es genügt, die Prozedur umzukehren, erst zu schlagen und dann zu reden und nicht umgekehrt, wie man das bisher getan hat, und schon erweisen sich die Ergebnisse als geradezu berauschend.

Wir wollen unsere Versammlung nicht dadurch in die Länge ziehen, daß wir diese Folgen im einzelnen betrachten, denn um das zu tun, müßten wir genau die Zeit zur Verfügung haben, die uns von diesem historischen Augenblick, von unserer Entdeckung, bis zum Ende menschlicher Geschichte trennt. Ich füge nur hinzu, daß in der Garderobe am Eingang Exemplare des Ideologischen Universalschlüssels in ästhetischer Ausführung zu mäßigen Preisen erworben werden können. Es wird gebeten, die Diskussion erst nach Verlassen des Gebäudes draußen auf dem Platz zu beginnen.

Praxis

Ich begegnete meinem Nächsten, der mir ganz ohne Grund eins in die Schnauze schlug. Ich wollte es ihm zurückgeben, doch das Gute gewann die Oberhand, ich beherrschte mich, wandte ihm meine rechte Backe zu und sagte:

»Jetzt bitte auf diese Seite.«

»Was denn, sind Sie Masochist?«

»Nein, Christ.«

»Macht nichts. Ich persönlich habe nichts gegen Christen.«

»Sie haben mich falsch verstanden. Das christliche Gebot lautet: Wer dich schlägt auf eine Backe, dem biete die andere auch dar.«

»Damit es weniger schmerzt?«

»Nein, nur damit er weiter schlägt. Das heißt als Zeichen der Demut. Sie verstehen.«

»Nein. Aber letzten Endes ist das nicht meine Sache.«

»Also schlagen Sie zu. Auf die rechte, denn auf die linke haben Sie schon geschlagen.«

»Ich habe keine Lust mehr.«

»Tun Sie es trotzdem für mich ... Verstehen Sie, da ich mich schon auf dem Pfade der Tugend befinde, möchte ich etwas davon haben. Sonst ist alles für die Katz, es wird dann bloß heißen, ich hätte eins in die Schnauze bekommen, und fertig. Ganz normal, ohne jedes Verdienst.«

»Ich bin müde.«

»Nur noch einmal, der Vollständigkeit halber. Versetzen Sie sich in meine Lage, halbe Ergebnisse sind keine Ergebnisse, und ich habe bereits fünfzig Prozent investiert. Entweder auf beide Backen, oder es kommt auf Null heraus.«

»Na schließlich ... kann ich ja. Aber auf die rechte, das ist ungeschickt. Ich bin doch kein Linkshänder.«

»Dann vielleicht mit dem Fuß?«

»Mit dem Fuß auf die Backe? Sie überschätzen mich. Da reiche ich nicht hin.«

»Ich könnte mich vorbeugen.«

»Aber dann kann ich nicht Schwung holen. Und außerdem, wenn es Ihnen um die Symmetrie geht, ist das mit dem Fuß nicht dasselbe wie mit der Hand. Ein anderer Schlag.«

»Vielleicht fangen wir dann noch einmal von vorne an? Diesmal ausschließlich mit dem Fuß.«

»Wie denn?«

»Ich drehe mich um, Sie treten mich, dann drehe ich mich wieder um, und Sie treten mich noch einmal.«

»Sie sind sehr naiv. Jedes Kind weiß, daß der Mensch hinten nicht dasselbe hat wie vorn. Es wäre keine Symmetrie.«

Das bekümmerte mich. Er hatte recht. »Ich weiß einen Ausweg«, sagte ich nach kurzem Überlegen. »Es gibt noch ein anderes christliches Gebot. Trifft dich jemand mit einem Stein, triff du ihn mit Brot. Sie nehmen ein Steinchen, hier ist eines, sogar ein ziemlich großes, und bewerfen mich damit. Und ich vergelte es Ihnen mit Brot.«

»Haben Sie denn Brot bei sich?«

»Nein, aber gleich um die Ecke ist eine Bäckerei. Ich laufe hin und hole welches.«

»Das Ganze gefällt mir nicht, besonders nicht, mit Brot zu werfen. Das gehört sich irgendwie nicht. Brot ist eine Gabe Gottes.«

»Aber genau so heißt es in der Instruktion.«

»Na gut. Aber was wird aus dem Backenstreich, den Sie bereits investiert haben?«

»Was hilft's? Das Geschäft ist mißlungen. Wir eröffnen ein neues. Ich schreib's als Verlust ab, jetzt gehört der erste Streich Ihnen.«

Der Stein war wirklich ziemlich groß, und zunächst mußte ich mich mit Brot versorgen, dann erst konnten wir zur Aktion übergehen. Auf dem Weg zur Bäckerei taumelte ich ein wenig, weil der Stein mich am Kopf getroffen hatte.

»Bitte ein Kilo Brot«, sagte ich in der Bäckerei.

»Brot haben wir nicht, nur Brötchen.«

Das hatte ich nicht vorausgesehen. Doch Backwerk ist schließlich Backwerk. Ich erstand also mehrere Brötchen und kehrte zurück zu meinem Partner, der, das muß man zugeben, geduldig wartete.

»Jetzt bewerfe ich Sie mit Brötchen, und dann sind Sie frei.«

Gleich mit dem ersten Brötchen traf ich ihn zwischen die Augen. Er fiel nach hinten und rührte sich nicht mehr. Ich ging zu ihm hin, seine Augen erstarrten.

So hat ein trockenes Brötchen, staatlich gebacken, auch seine Vorteile.

Als ich fortging, rührte er sich immer noch nicht. Recht geschieht dem Hundesohn. Warum hat er angefangen ...

Koexistenz

Der Pfarrer fand in seinem Haus den Teufel vor, der eine rote Jockeykappe auf dem Kopf trug, am Tisch saß und den Menschen, in diesem Fall den Pfarrer, aufmerksam anschaute. Denn im Gegensatz zum Menschen ist der Teufel nicht zerstreut. Nicht geteilt zwischen Gut und Böse, sondern allein dem Bösen gänzlich ergeben, ist er frei von jedem Zwiespalt, was ihm erlaubt, in jeder Lage die volle Konzentration zu wahren.

Es geschah zur Zeit der Abenddämmerung, als der Pfarrer nach Erfüllung seiner alltäglichen Amtspflichten heimkehrte. Beim Anblick des Teufels seufzte er wie ein Holzfäller, der den ganzen Tag im Wald Kiefern gefällt hat und abends sieht, wie mittlerweile in seiner Stube eine Eiche emporgewachsen ist.

Er wußte jedoch dank Erfahrung und Ausbildung, daß der Teufel dauert, das heißt keinen Fluktuationen unterliegt, weder Flut noch Ebbe, keiner Steigerung oder Minderung, keinem Arbeits- oder Erholungsrhythmus, keinem Schlaf und keinem Wachsein. Folglich wunderte er sich nicht so sehr, wie sich der Holzfäller gewundert hätte, und spürte nur – und jetzt ist der Vergleich mit dem Holzfäller richtig – doppelt seine Müdigkeit.

»Was?« fragte er kurz und nicht eben gastfreundlich.

»Eigentlich nichts, ich bin einfach«, entgegnete der Teufel.

Dem Pfarrer fielen alle Interpretationen teuflischen Wesens ein, alle möglichen Spekulationen über die Natur des Teufels sowie alle Exorzismen. Unwillkürlich verglich er erst diese, dann jene Methode, den Teufel auszutreiben, mit der Situation. Doch gab es deren so viele, und er war nach einem Tag voller Tätigkeit so erschöpft, daß er sich für keine entscheiden konnte. Schon wollte er sagen: Nun, dann sei, aber er hielt sich zurück, denn solche Billigung der Existenz des Bösen wäre unangebracht gewesen.

»Ich verstehe«, sagte der Teufel. »Aber keine Angst. Ich halte Frieden, ich werde dich weder versuchen noch andere Intrigen und Listen spinnen. Ich sitze hier, das ist alles.«

Selbstverständlich lügt er, dachte der Pfarrer. Die Lüge liegt in seiner Natur. Ich hätte ihn verjagen sollen. Wenn er nur dasitzen will und sonst nichts, warum ausgerechnet bei mir, warum nicht woanders? Erst einmal will ich mir die Schuhe aus- und die Pantoffeln anziehen. Wäre ich jünger ... Aber das Alter macht sich bemerkbar. Ich bin nicht mehr so fix wie früher.

Er zog die Schuhe aus und die Pantoffeln an, er goß sich Tee auf. Aus den Augenwinkeln beobachtete er den Teufel. Doch der hielt sein Versprechen. Er sagte nichts, saß bescheiden da, nahm nicht einmal die Mütze ab. Alles deutete darauf hin, daß er nicht beabsichtigte, es sich bequem zu machen. Er ließ keine Aktivitäten und Geschäftigkeiten erkennen, derentwegen er sonst bekannt war.

Nachdem er seinen Tee getrunken hatte, nahm der Pfarrer, nicht so sehr um der Lektüre willen als vielmehr um Zeit zu gewinnen, ein Buch nicht-kontroversen Inhalts zur Hand. Doch gerade deshalb wurden seine Lider, die er nur mühsam über die Augäpfel hob, immer schwerer, bis er sie nicht mehr halten konnte. Als sich der Schlummer wieder in einen Halbschlummer verwandelte, sah er den Teufel unverändert und höflich am Tisch sitzen, aber sozusagen in der Ferne. Seltsam, dachte er, daß er mich gar nicht stört. Er müßte doch etwas von mir wollen, und auch wenn er vorläufig nichts will, müßte der Verdacht, das sei nur eine List, mir keine Ruhe lassen. Dem Teufel gegenüber kann man nie wachsam genug sein. Ich werde mich gegen ihn auflehnen, aber ein bißchen später, wenn ich ausgeruht bin.

»Bist du noch hier?« fragte er, als er erneut aus dem Schlummer auffuhr. Der Teufel bestätigte das mit einem Kopfnicken. Er war, offensichtlich und augenfällig, das bedurfte keiner verbalen Bestätigung. Er saß weiterhin bescheiden da, wie im Wartezimmer, als hätte er in diesem Raum nicht das geringste zu tun, und nahm sogar seine groteske, rote Kappe nicht ab. Aufdringlich ist er nicht, dachte der Pfarrer wieder, und falls er etwas im Schilde führt, wird immer noch Zeit sein, das zu verhindern. Außerdem ... So wollte der Pfarrer trotz allem bestimmte Gewissensbisse verscheuchen. Und wenn er hier ist, bedeutet es, daß er nicht woanders ist. Mir schadet er nicht, ich habe ein Auge auf ihn. Solange er hier ist, kann er anderen nicht schaden, weil er nicht dort ist, wo er jetzt nicht ist. Schließlich ist es besser so, als ihn zu verjagen, das heißt, ihn irgendwohin zu schicken, wo er weiß was für Schaden anrichten könnte. Soll er hier sitzen, denn wenn jemand dabei etwas verliert, so nur er selbst.

Der Pfarrer begab sich endgültig zur Ruhe und verbrachte die erste Nacht mit dem Teufel. Im Morgengrauen erwachte der Pfarrer, und der Teufel saß immer noch am Tisch, immer noch mit dieser närrischen roten Kappe auf dem Kopf, unverändert. Der Teufel unterliegt keiner Erschöpfung und braucht keine Erholung. Der Pfarrer wunderte sich nur, daß er trotz der Anwesenheit des Teufels tief und ohne schlimme Träume geschlafen hatte wie gewöhnlich.

Als der Pfarrer sein Haus verließ, um die Frühmesse zu lesen, begleitete ihn der Teufel mit seinem Blick bis zur Tür, rührte sich aber nicht von der Stelle. Der gleiche Blick empfing den Pfarrer abends bei seiner Heimkehr. Der Teufel verhielt sich wie ein treuer, gut erzogener Hund, nur mit dem Unterschied zu seinen Gunsten beim Vergleich mit dem Hund, daß er keine Zuwendung und Fürsorge benötigte. Der Pfarrer erinnerte sich an seinen

Entschluß vom Vortag, den Teufel zu verjagen, gleichzeitig aber auch an die Argumente, die bewirkt hatten, daß er ihn am Vortag nicht verjagt hatte. Er tut mir nichts, dann will ich ihm auch nichts tun. Bei mir ist er unschädlich. Wenn er schon hier sein muß, dann mag er untätig bleiben. Besser, er sitzt hier, wo er mir nicht schadet, als daß er fortginge und den Menschen schadete. Soll er's nur probieren mit mir, dann komme ich ihm mit den Exorzismen!

Doch der Teufel versuchte es nicht. Er enthielt sich jedes, auch des geringsten Konflikts mit seinem Gastgeber. Alles, was er brauchte, war der Platz am Tisch.

Wenn er nicht gefragt wurde, sagte er nichts, und der Pfarrer fragte ihn nicht. Ruhe um Ruhe. Es mag seltsam wirken, daß der Pfarrer die Gelegenheit nicht nutzte, im unmittelbaren und sozusagen gesellschaftlichen Gespräch etwas über den Gegner zu erfahren. Wollte er sich in keinerlei Diskussionen einlassen, weil er sich erinnerte, daß man mit dem Teufel nicht diskutieren soll? Gewiß. Er wußte, der Teufel wartete nur darauf. Deshalb hatte er ihn zu Anfang hinauswerfen wollen, weil er fürchtete, der Teufel sei nur gekommen, um ihn in ein Gespräch zu verwickeln. Und später hatte er ihm erlaubt zu bleiben, nur weil der Teufel kein Wort sagte. Er nahm sich also in acht, um nicht damit zu beginnen, womit der Teufel nicht begann. Hinzu kommt – der Pfarrer war kein junger Mann mehr und seine Neugier nicht groß. Besonders wenn er an die Anstrengung dachte, die er würde aufwenden müssen, um sie zu stillen. Er hätte diese Anstrengung auch nicht unternommen, wenn keine grundsätzlichen Bedenken mitgespielt hätten. Er kehrte müde heim, fand den Teufel an seinem Platz, sie sagten nichts zueinander. Der Pfarrer ging schlafen, der Teufel wachte. So fügte es sich.

Eines Tages visitierte der Bischof die Pfarrei. Er fand die Kirche in vorzüglichem Zustand, die Seelsorge musterhaft. Nicht umsonst mühte sich der Pfarrer von früh bis spät, darum ja kehrte er so erschöpft heim, daß er den Teufel gar nicht beachtete.

»Gern würden wir noch das Pfarrhaus sehen«, sagte der Bischof zum Schluß.

Da fiel dem Pfarrer ein, welchen Hausgenossen der Bischof bei ihm antreffen würde, und er erschrak. Aber ablehnen konnte er nicht. Vom nahen Ende überzeugt, des unvermeidlichen Skandals, der grenzenlosen Kompromittierung und des unberechenbaren Unheils gewiß, in Gedanken den Teufel und seinen eigenen Leichtsinn verfluchend, daß er ihn nicht am ersten Tage hinausgeworfen, sondern die Sache verzögert, ja abgewartet hatte – öffnete er die Tür. Wie groß war seine Überraschung und Erleichterung, als sich seine Wohnung leer zeigte. Der Teufel war verschwunden. Der Pfarrer konnte einem Gefühl der Dankbarkeit gegenüber dem Teufel nicht widerstehen, obwohl er sich darüber Rechenschaft ablegte, daß dieses Gefühl in höchstem Grade unangemessen, erniedrigend und unwürdig sei. Teufel hin, Teufel her, aber wenn es nötig ist, weiß er sich anständig und kollegial zu benehmen.

Der Bischof schaute sich um und wollte gerade das bescheidene, einsiedlerische Hauswesen loben, da entdeckte er die rote Jockeykappe, die der Teufel auf dem Tisch hatte liegen lassen. Mit stummer Frage wanderte sein Blick zu dem Pfarrer, weil es ihm seltsam erschien, daß der würdige Betreuer der Pfarrei eine so unernsthafte, den geistlichen Stand lächerlich machende Kopfbedeckung benutzte. Eine merkwürdige und unangebrachte.

»Das ... mein Neffe. Er besucht mich hin und wieder«, log der Pfarrer. Hätte er gesagt, die Kappe gehöre ihm, wäre das gleichfalls eine Lüge gewesen.

Der Bischof nickte verständnisvoll und drückte seine allgemeine Zufriedenheit aus. Anschließend fuhr er ab, immer noch sehr zufrieden. Als der Pfarrer wieder allein in seiner Wohnung war, stieg der Teufel aus dem Schrank, in dem er sich versteckt hatte. Er ging auf den Pfarrer zu, und ein widerwärtiges, triumphierendes Lächeln verzog seine Schnauze.

»Onkelchen!« rief er freudig und breitete seine Arme aus.

Rotkäppchen

Rotkäppchen ging durch den Wald. Es trug den Korb mit Lebensmitteln und war müde.

Das Schlimmste ist, dachte es: Wenn ich ans Ziel komme und den widerwärtigen Wolf erblicke, werde ich so tun müssen, als wüßte ich nicht, was los ist. Ich werde ihm dumme Fragen stellen: Ei, Großmutter, was hast du für große Ohren, was hast du für ein entsetzlich großes Maul ... Dann lasse ich mich fressen, es geht weiter bis zu dem saudummen Epilog, in dem der brave Jäger dem Wolf den Bauch aufschneidet und mich und die Großmutter befreit. Und danach fängt alles wieder von vorn an. Was für ein Schreiberling mit schmutziger Phantasie sich dieses ganze Märchen wohl ausgedacht hat?

Rotkäppchen trat gegen einen Fliegenpilz, der auf seinem Wege stand.

Mindestens das war im Programm nicht vorgesehen, dachte es und betrachtete zufrieden den desintegrierten Pilz. Doch solche kleinen Zufälligkeiten rekompensieren nicht das deterministische Prinzip.

Da ist schon das Häuschen der Großmutter. Rotkäppchen seufzte und klopfte an die Tür. »Herein«, vernahm es eine Stimme. Es trat ein. Die angebliche Großmutter lag wie üblich im Bett. Rotkäppchen stellte den Korb mit Lebensmitteln auf den Tisch und setzte sich auf den Stuhl am Bett.

»Ei, Großmutter, was hast du für große Ohren?« begann es aufzusagen und dachte dabei an etwas anderes.

Der Großmutter-Wolf antwortete etwas, aber Rotkäppchen hörte gar nicht hin, weil es ja von vornherein wußte, was es hören sollte. Es ging zur zweiten Frage über.

»Aber Großmutter, was hast du für ein entsetzlich großes Maul?«

».................... auf«, sagte die Großmutter.

»Wie?« fragte Rotkäppchen, denn es war so müde und dachte so intensiv an etwas anderes, daß es nur das »auf« am Ende gehört hatte, und dieses »auf« stimmte nicht mit dem festgelegten Text überein. Die rituelle Antwort mußte lauten: Daß ich dich besser fressen kann.

»Ich habe gesagt, spiel dich nicht auf, mein Kind. Wenn du wieder meinst, dies sei ein Märchen und nicht die Wirklichkeit und ich nicht deine Großmutter, sondern der verkleidete Wolf, dann irrst du dich. Und jetzt zeig her, was du mir zu essen mitgebracht hast.«

Rotkäppchen seufzte noch tiefer als zuvor und ließ den Kopf sinken. Es hatte verstanden, die wahre Langeweile begann erst jetzt.

Auf ihrem Lager zwischen Blumen, unter dem Deckel aus Kristall schlief Schneewittchen.

Sie war schön, gut und vernünftig, doch ihre Schönheit, Güte und Vernunft schliefen zusammen mit ihr. Sie war da, aber sie schlief, darum war es, als wäre sie nicht. Nur ihre Schönheit zeigte sich durch den Deckel, nicht aber ihre Charaktervorzüge. Seit undenklichen Zeiten lag sie im Schlaf, die freundlichen Zwerge umgaben sie im Kreise und verwehrten Räubern und wilden Tieren den Zutritt. Sie wußten, nur der Fahrende Königssohn hatte das Recht, sich ihr zu nähern. Aber niemand wußte sicher, ob der Königssohn kommen würde oder ob er nicht kommen würde.

Wie groß war die Freude der Zwerge, als sie eines Maimorgens den Königssohn erblickten, der auf seiner Fahrt durch einen glücklichen Zufall diese Gegend aufgesucht hatte. »Hier! Hier!« begannen sie zu rufen und nahmen bereits den Kristalldeckel ab. Der Königssohn näherte sich. Er schaute und sah: Wie schön ist doch diese schlafende Prinzessin. Einer unwillkürlichen Regung nachgebend, beugte er sich über sie und drückte einen Kuß auf ihre blaßroten Lippen. Ganz so wie vorgesehen.

Die Prinzessin öffnet die Augen, wacht auf und sieht den über sie gebeugten Königssohn. Sie wirft die Arme um seinen Hals, und die Zwerge rundum tanzen vor Freude. Aber auch vor Befriedigung, daß nun ihr Dienst bei der Prinzessin beendet ist und sie sich endlich wieder mit ihren eigenen Angelegenheiten beschäftigen können.

Während sich die Zwerge mit Freudensprüngen entfernten, verharrte der Königssohn in den Armen der Prinzessin, und sie umfaßte ihn weiterhin. Bis ihm der Rücken anfing wehzutun und er sich unmerklich auf den

Rand des Kristallsarges setzte, aber immer noch über die Prinzessin gebeugt und immer noch von ihr umarmt – die Grundposition verändern konnte er nicht. Folglich fragte er nach einiger Zeit: »Und was jetzt?«

»Jetzt bleiben wir so für immer«, antwortete Schneewittchen.

»Für immer?« wunderte sich der Königssohn.

»Selbstverständlich. Hast du mich nicht deshalb geweckt, als du einen Kuß auf meine blaßroten Lippen drücktest?«

»Aber, mein Schneewittchen, wird uns das nicht langweilig werden?«

»Ich verstehe nicht, wovon du redest. Das ist doch das Glück.«

Der Königssohn war verwirrt und diskutierte nicht mehr, weil sich das nicht gehörte. Nach einiger Zeit versuchte er es von neuem, diesmal allerdings darum bemüht, seinen subjektiven Gesichtspunkt gewissermaßen objektiv darzustellen.

»Sieh mal, mein liebes Schneewittchen, subjektiv stimme ich dir ganz und gar zu, objektiv aber stellt sich die Sache anders dar. Ich bin der Fahrende Königssohn, programmiert – und das bedeutet, dazu bestimmt, durch die Welt zu fahren und schlafende Prinzessinnen zu suchen. Wenn ich irgendwo eine schlafende Prinzessin sehe, nähere ich mich ihr und drücke einen Kuß auf ihre blaßroten Lippen. Sie erwacht dann, aber was weiter wird, gehört nicht mehr zu meinem Bereich. Ich muß mich also sofort auf den Weg machen.«

»Was für schlafende Prinzessinnen? Ich bin doch die schlafende Prinzessin.«

»O ja! Selbstverständlich. Das heißt Prinzessin durch und durch, aber nicht mehr schlafend. Du schläfst nicht mehr, während andere Unglückliche immer noch in tiefen Schlaf versunken sind und der Aufweckung harren.«

»Was für andere?« fragte Schneewittchen in einem Ton, der den Königssohn veranlaßte, das Thema nicht näher zu untersuchen.

»Ach, irgendwelche. Was macht das schon.«

Schneewittchen begnügte sich mit dieser nicht ausreichenden Antwort, weil sie, wie erwähnt, vernünftig war. Sie versuchte nur, jetzt ihrerseits dem Königssohn ihren subjektiven Gesichtspunkt gewissermaßen objektiv darzustellen.

»Du hast recht, ich bin eine Prinzessin, aber keine schlafende mehr. Doch gerade du hast mich aufgeweckt, und nun werde ich nicht mehr einschlafen. Wenn du fortgehst und ich dich nicht mehr in meinen Armen halten werde, wer soll ich dann sein, und was soll ich mit mir anfangen?«

Das bekümmerte den Königssohn.

»In der Tat, das ist ein Problem, und ich habe immer mehr den Eindruck, daß dieses Märchen miserabel geschrieben ist. Der Autor hat uns so programmiert, daß alles nur bis zu einem gewissen Augenblick stimmt und danach die Widersprüche beginnen. Bleiben wir also in dieser Position, vielleicht überlegt sich's der Autor, streicht etwas, fügt etwas hinzu oder ändert etwas ... Vielleicht klärt sich die Sache dann auf.«

So sprach der Königssohn, obwohl ihn der Rücken immer mehr schmerzte, aber er verstand die Lage der Prinzessin und sympathisierte ehrlich mit ihr. Sie verharrten also, doch weder war die Prinzessin glücklich, dieweil sie nicht gewiß war, daß sie ewig so verharren würden, noch der Königssohn, dieweil er nicht gewiß war, daß alles nur vorübergehend sei. Nach einiger Zeit sagte der Königssohn:

»Ich würde gern rauchen, aber ich habe keine Streichhölzer. Erlaubst du, daß ich mir schnell welche holen gehe?«

»Kommst du auch zurück?« fragte Schneewittchen, weil es klug war.

»Selbstverständlich komme ich zurück. Ich hole mir nur Streichhölzer und bin gleich wieder da. Ich möchte schrecklich gern rauchen.«

Schneewittchen dachte nach. Einerseits empfahl ihre Klugheit ihr Skepsis, andererseits bewirkte ihre Güte – und sie war, wie gesagt, gut –, daß der von Nikotinhunger geplagte Königssohn ihr leid tat. Wie durfte sie den Geliebten so quälen? Darum sagte sie traurig, weil Klugheit und Güte nicht übereinstimmten:

»Geh.«

Der Königssohn ging. Rauchen wollte er wirklich, und Streichhölzer brauchte er wirklich, in dieser Hinsicht war er redlich. Was den Rest anging ... Er hatte die Hoffnung, mit Hilfe dieser Teilwahrheit werde es ihm gelingen, die Gewissensbisse bezüglich des Ganzen zu überspielen. Denn der ganze Rest war Lüge. Der Königssohn hatte die Hoffnung, die Teilwahrheit werde in seinem Gewissen die Lüge ausgleichen. Eine vergebliche Hoffnung natürlich.

Von der Vergeblichkeit dieser Hoffnung konnte er sich alsbald überzeugen. Denn zur Strafe wurde er in einen Frosch verwandelt, in eine ekelhafte Kröte. Und sollte so lange Kröte bleiben, bis er – aufgrund eines anderen Märchens – einer Prinzessin begegnete, die ein so gutes Herz hätte, daß sie, ohne auf das Eklige des Reptils zu achten, mit ihren blaßroten Lippen einen Kuß auf seine warzige Schnauze drücken würde. Erst dann sollte er wieder in einen Königssohn verwandelt werden.

Der Schneider schrieb die letzten Zahlen in sein Notizbuch, rollte das Metermaß auf und fragte:

»Wünschen Sie ihn einseitig oder zweiseitig?«

»Meinen Sie zweireihig oder einreihig?«

»Nein. Wünschen Sie einen gewöhnlichen Anzug, aus einem Stoff mit zwei Seiten, oder einen besonderen, aus einem Stoff, der nur auf einer Seite aussieht.«

»Was heißt aussieht?«

»Das heißt, der nur eine Seite hat.«

»Und die andere?«

»Eine andere gibt es überhaupt nicht.«

Ich betrachtete ihn aufmerksam. Ein Schneider wie alle Schneider, ein durchschnittlicher, kleinstädtischer, introvertiert melancholischer, ohne Perspektiven. Und plötzlich so etwas ...

»Ist der einseitige billiger?« fragte ich, nicht so sehr wegen des Preises, als vielmehr um meine Überraschung nicht zu zeigen. Der Schneider hatte das so ernst gesagt, als handelte es sich um etwas Selbstverständliches, über das man sich nicht zu wundern hatte. Aber vielleicht war es doch nur ein Scherz.

»Nein, natürlich teurer.«

»Warum? Zwei Seiten sind mehr als eine.«

»Aber eine ist besser als zwei.«

»Wieso besser?«

»Weil's mit einer keine Zweifel gibt. Es gibt nur die eine, und fertig. Mit zweien hat man ständig Schwierigkeiten.«

»Was für Schwierigkeiten?«

»Ist Ihnen nie passiert, daß sie etwas links herum angezogen haben?«

»Doch, aber was ist das letzten Endes für eine Schwierigkeit?«

»Die, daß Sie dann auf der rechten Seite sind.«

»Man braucht es ja nur auszuziehen und andersherum anzuziehen.«

»Richtig. Und dann sind Sie auf der linken Seite. Immer sind Sie auf einer Seite. Wenn nicht auf der rechten, dann auf der linken, wenn nicht auf der linken, dann auf der rechten. Beim einseitigen gibt es das nicht.«

»Aber dann bin ich doch auch auf irgendeiner Seite dieser Seite.«

»Nein, denn diese eine Seite hat nur eine Seite. Auf der anderen Seite gibt es überhaupt keine Seite, also können Sie nicht auf ihr sein.«

»Aber wenn ich nun auf der Seite bin, die es nicht gibt, wo bin ich dann?«

»Natürlich nirgendwo. Aber das kostet etwas.«

»Viel?«

Der Schneider warf einen Blick in sein Notizbuch, multiplizierte mehrmals und addierte die Ergebnisse.

»So viel«, sagte er, hielt mir das Notizbuch hin und zeigte mit dem Bleistift auf die Endsumme.

»O Gott!« rief ich aus. »Wer kann sich das erlauben!«

»Niemand«, sagte der Schneider und schloß sein Notizbuch. »Also?«

»Nähen Sie mir einen gewöhnlichen.«

Der Graf

Der Graf blieb am Fenster stehen. Er war ein Mann mittleren Alters, sein Gesicht trug die Spuren des Lebens. Gerade hatte er einen Entschluß gefaßt.

Genug damit. Das Streben nach der Vollkommenheit erschöpft mich, ohne irgend etwas zu ändern. Die Vollkommenheit ist eine Idee, aber keine Idee kann erreicht, das heißt in die Wirklichkeit umgesetzt werden, weil sie dann aufhört, Idee zu sein. Zwischen Idee und Wirklichkeit klafft ein ewiger, unüberbrückbarer Abgrund. Fertig.

Er wartete, ob auf der Straße jemand oder etwas auftauchte, der oder das ihn für den nächsten Augenblick beschäftigen würde. Wahrscheinlich trennte ihn dieser Augenblick zusammen mit einer Reihe anderer Augenblicke vom Tode. Er hatte keine feststehende Methode zu warten, folglich improvisierte er.

Plötzlich sah er, wie eine vornehme Equipage vor seinem »Hôtel Particulier« hielt. Mitleidig dachte er an die unteren Schichten, die aufgrund unzureichender Französisch-Kenntnisse »Hôtel Particulier« mit »besonderes Hotel« übersetzen, »Hôtel de Ville« mit »Städtisches Hotel« und »Hôtel de Poste« mit »Posthotel«. Er als Graf und von Kindesbeinen an französisch erzogen, war über diese ordinären Fehler erhaben. Der Gedanke an diese Überlegenheit verschaffte ihm jetzt Befriedigung, als ihm bewußt wurde, daß die Prinzessin Giselle vor dem »Hôtel Particulier« aus ihrer Equipage stieg.

Gewöhnlich hatte er beim Anblick der Prinzessin Giselle gemischte Gefühle. Er schätzte die Sinnenlust, die sie ihm verschaffte, doch die psychischen Erlebnisse, die sie empfand, aber nicht er, was sie ihm heftig vorwarf, hielt er für lästig. Prinzessin Giselle liebte ihn nämlich ohne Gegenliebe.

Trotzdem verließ der Graf das Fenster und trat vor den Spiegel, um die Zweifel zu verscheuchen, ob seine Schönheit wirklich den Erwartungen der nahenden Prinzessin entspräche. Da er aber eigentlich nicht wußte, was sie in ihm sah, war diese Gegenüberstellung von vornherein dazu verdammt, ergebnislos zu bleiben.

Jetzt erwartete er ungeduldig, daß die Prinzessin den Salon betrete, weil sie von diesem stets begeistert war.

Er kehrte zurück ans Fenster, und was er dort sah, übertraf seine Erwartungen. Leider in umgekehrter Richtung. Die Prinzessin Giselle nämlich begab sich zwar in ein »Hôtel Particulier«, aber in das gegenüber, auf der anderen Straßenseite, das dem Baron gehörte.

Der Graf empfand Leere.

Er öffnete die Mahagonischatulle, in der sich ein Paar mit Perlmutter ausgelegte Pistolen befand.

»Um so besser«, sagte der Graf in dem leeren Salon. »Ich sterbe, gehe also definitiv fort. Und nur die letzten Dinge sind der Betrachtung wert. Meinen Sie nicht auch, Graf?« fragte der Graf, denn er liebte es, wenn man ihn mit seinem Titel anredete.

Doch die Antwort stand schon vorher fest.

»Hier sind zwei Pistolen, und ich kann mich doch nicht mit zwei Pistolen auf einmal erschießen.«

Er schloß die Schatulle und fiel kraftlos auf das Kanapee. Erst die Klänge der Zigeunerkapelle weckten ihn, die er zu holen angeordnet, dann aber völlig vergessen hatte.

In einem Augenblick

Eines Tages sagte ein Herr zu einer Dame: »Meine Dame!«

Die Dame schaute ihn an, aber nicht direkt. Hätte sie ihn direkt angeschaut, hätte der Herr gedacht, sie schaue ihn direkt an, und hätte daraus Schlüsse gezogen. Was für welche? Vor allem den, er habe ihr Interesse geweckt. Das aber könnte ihn zu weiteren Schlüssen verleiten, was an sich nicht unerwünscht wäre, doch die allzu große Gewißheit, mit der er weitere Schlüsse ziehen würde, war unerwünscht, da die Dame, ohne im Prinzip etwas gegen diese Schlüsse zu haben, Bedenken gegen deren Gewißheit hatte. Denn sie zog es vor, die Dame der Ungewißheit zu sein, die man eventuell je nach eigenem Dafürhalten in Gewißheit verwandeln konnte, und nicht die Dame der Gewißheit, über die sie keine Macht würde haben können. Außerdem war sie selbst sich noch nicht gewiß.

Darum schaute die Dame so, daß er den Eindruck hatte, sie schaue ihn nicht an, aber er war dessen nicht ganz gewiß.

Das bedeutet keineswegs, sie hätte nicht aufmerksam geschaut. Vielleicht wirkt das wie ein Widerspruch in sich, aber sie konnte schauen, fast ohne hinzuschauen, und doch sehr genau sehend.

Die Neurophysiologen, Ophthalmologen und Optiker können dieses Phänomen nicht erklären. Vielleicht, weil die Erscheinung sich nicht künstlich unter Laboratoriumsbedingungen erzeugen läßt.

Die Dame schaute hin und sah den Herrn in allen seinen Einzelheiten und zugleich in Synthese. Zur Zeit befand sie sich seit längerem in vertrauter Beziehung zu einem anderen Herrn, doch wurde diese Beziehung kompliziert durch die Beziehung dieses Herrn zu ihrer Freundin, die sie einer gewissen Initiative, diese Beziehung in lebhaftem Zustand erhalten zu wollen, verdächtigte. Natürlich verstand sie, daß jene Freundin, die der Gefühle ihres eigenen Mannes nicht sicher war, dessen Gefühle auf diese Weise erforschen und gegebenfalls einer Probe zu unterziehen wünschte. Dennoch war sie nicht damit einverstanden, daß es sich um diese und keine andere Weise handelte oder vielmehr, daß diese Weise ausgerechnet ihr Freund sein sollte, falls er es nicht schon *de facto* war.

Zwar überlegte die Dame, den Mann ihrer Freundin zu verführen, als berechtigte Vergeltung oder auf alle Fälle, dennoch machte sie sich klar, daß dies ein riskantes Vorhaben wäre. Denn wenn ihr Freund nicht bereits der faktische, sondern immer noch der potentielle Geliebte ihrer Freundin wäre, dann würde sie, wenn sie den Mann ihrer Freundin verführte, mit absoluter Sicherheit bewirken, daß ihr Freund aus einem nur potentiellen Geliebten ihrer Freundin zu ihrem faktischen Geliebten würde, weil es keinem Zweifel unterlag, daß ihre Freundin sich revanchieren würde. Das Risiko lohnte sich wahrscheinlich nicht, vor allem weil der Mann ihrer Freundin ihr nicht besonders gefiel.

In dieser Situation konnte sie den Herrn, der sich gerade mit »Meine Dame« an sie gewandt hatte, entweder als Revanche gegenüber ihrem Freund verwenden, falls dieser der Initiative ihrer Freundin erliegen sollte, sofern die Gefühle des Mannes dieser Freundin sich im Zeitraum der einleitenden Erforschung als von ihrem (der Freundin) Standpunkt aus ungenügend erweisen und die endgültige Probe erforderlich machen sollten, und erst recht, wenn sie sich schon in der Phase einer solchen Probe befänden – oder aber, um die Pläne ihrer Freundin in bezug auf ihren Freund im Keim zu ersticken und ihr zu zeigen (wenn sie von nun an außer dem ersten noch einen anderen, zweiten Freund hätte, wäre das ein unbestreitbarer Beweis), daß ihr an diesem ersten, grundsätzlichen

Freund nicht gar so viel gelegen sei. Denn unabhängig davon, daß sie annahm, ihre Freundin wolle die Gefühle ihres Mannes erproben, wenn sie ihren grundsätzlichen Freund (eventuell erst noch oder auch bereits schon faktisch) verführte, verdächtigte sie diese gleichfalls, ja hauptsächlich, wenn nicht gar ausschließlich, der ganz gewöhnlichen Bosheit. Wenn sie also auf das »Meine Dame« einging und zuließ, daß das, womit sich der unbekannte Herr in diesem Augenblick an sie wandte, weitere Konsequenzen hatte, riskierte sie nicht nur nichts, sondern gewann bestimmte Perspektiven. Gar nicht zu reden davon, daß dieser (bis auf weiteres) unbekannte Herr ihr – dessen war sie fast sicher – gefiel.

»Wie spät ist es?« fragte der Herr und entfernte sich, nachdem er die Antwort erhalten hatte, in unbekannter Richtung.

Der Graf fürchtete nicht den Tod, wohl aber fürchtete er ungeputzte Schuhe, genauer gesagt, verstaubte Schuhe, verschmutzte Schuhe, ja sogar Schuhe, auf denen man nur ein Fleckchen unbekannter Herkunft bemerken konnte. Derartige Schuhe versetzten ihn in so starke Angstzustände, daß er auf der Stelle hätte sterben können.

Einen Kompromiß, das heißt die Beseitigung des Makels an seinem Schuhwerk, ließ er nur unter der Bedingung zu, daß dies ohne jede Verzögerung geschah. Sein Leben hing also an einem seidenen Faden.

Man könnte annehmen, das Sortiment Bürsten und Wichsen, von dem er sich auf Anraten seines Arztes nie trennte, würde ihn vor einem jähen Tod bewahren. Doch so zu urteilen, hieße eine andere Eigenschaft des Grafen nicht zu berücksichtigen, nämlich seine Neigung zur Langeweile. Das Bücken, Bürsten, Einwichsen und erneute Bürsten des Schuhwerks langweilte ihn unendlich. So mußte man befürchten, der Ekel vor der Langeweile könne jeden Augenblick den Ekel vor dem Schmutz übertreffen und mittelbar zur Ursache seines Todes werden.

Natürlich kann man die Frage stellen, warum ihn nicht ein Lakai oder eine andere Person begleitete, um ihn bei dieser Tätigkeit zu vertreten, sei es aufgrund einer bezahlten Anstellung, sei es aus uneigennütziger Aufopferung. Doch der Graf ertrug die Anwesenheit von Menschen mit der gleichen Mühe, mit der er die Langeweile ertrug, und nur mit kaum geringerer als der, mit der er schmutzige, ja sogar nur glanzlose Schuhe ertrug, die er überhaupt nicht ertrug.

Allein der ständige Aufenthalt in einem trockenen,

staubdichten und mit Parkett ausgelegten Raum mildert die Schärfe dieses Dilemmas. Aber nur bis zu einem gewissen Grade. Denn auch ein kleiner Spaziergang des Grafen durch diesen begrenzten und gesicherten Raum wirbelt Staub auf, der sich nachher in zwar mikroskopisch kleinen, nichtsdestoweniger aber eine gewisse Mattheit verursachenden Stäubchen auf dem Schuhwerk absetzt. Stäubchen, die durch Reibung der Sohlen auf dem Fußboden entstehen. Der Graf verläßt folglich seinen Sessel nicht, der in dem oben beschriebenen Raum installiert ist. Er verharrt ohne Unterlaß in sitzender Stellung, einen ganzen Tag oder zwei. Auf diese Weise erhält er sein Schuhwerk – und deshalb Leben und Gesundheit – im Zustand maximalen Glanzes bei einem Minimum an Komplikationen.

Wie groß war daher meine Verwunderung, als ich dem Grafen vorgestern auf der Straße begegnete. Zwar herrschte schönes Wetter, doch die Bedingungen auf der Straße unterscheiden sich von denen, die der Graf in seinem Haus vorfindet. Warum also geht er an diesem sonnigen Julinachmittag in der Allee spazieren?

»Nun ja«, entgegnete er, als ich ihn danach fragte, »ich lebe gern gefährlich.«

Der Vortrag

Verehrte Anwesende!

Wie ich sehe, hat das Thema meines Vortrags ›Sexualprobleme – nur für Herren – Personen weiblichen Geschlechts ist der Zutritt streng verboten‹ allgemeines Interesse geweckt. Ähnlich wie in vielen Städten und Gemeinden, in denen ich bereits die Ehre hatte aufzutreten. Die große Besucherzahl bei meinen Vorträgen bestärkt mich in der Überzeugung, daß die Mission, mit der ich betraut wurde, nämlich Entspannung und Rat zu schaffen, gewissermaßen eine gute Botschaft denen unter uns zu bringen, deren Intimleben beeinträchtigt ist durch die im Titel meines Vortrags erwähnten Probleme, daß diese Mission bedeutungsvoll, wichtig und überaus notwendig ist. Im Zusammenhang damit bitte ich um Einhaltung größtmöglicher Stille, damit jene Herren, für die nur noch Stehplätze im hinteren Teil des Saales übriggeblieben sind, und erst recht jene, die im Gang stehen, mich hören können.

Zu Anfang sollte man genau festlegen, um welche Probleme es sich handelt. Mit Rücksicht auf das Taktgefühl müssen die in der Stadt angeschlagenen Plakate sich ebenso wie die Ankündigungen in der örtlichen Presse auf eine allgemeine Bezeichnung des Themas beschränken. Ich sehe indessen, daß auch eine so allgemein und – möchte ich sagen – euphemistisch oder ausweichend abgefaßte Annonce richtig verstanden worden ist, was der Intelligenz der Anwesenden zur Ehre gereicht. *(Beifall)*

Ja, ich entnehme das dem besonderen Ausdruck von Depression und Schuldgefühl, den Sie in Ihren Gesichtern mitgebracht haben. Und auch dem Ausdruck unerfüllter Begierde, den die Wissenschaft Frustration nennt.

Das bedeutet, ich habe genau die Menschen vor mir, die diese Probleme angehen, die selbst geahnt haben, von welchen besonderen Problemen die Rede sein wird, und darum hergekommen sind. Ja, meine Herren, hätten Sie nicht die Thematik meines Vortrags, auch wenn sie auf den Plakaten noch so allgemein gefaßt war, mit den Sie bedrängenden heimlichen Problemen in Verbindung gebracht, wären Sie nicht hier. Also muß ich Ihnen nicht erläutern, was für Sie klar ist. Viele von Ihnen, vielleicht alle, würden sagen: Ach, zu klar, leider allzu klar. Was nicht bedeutet, daß wir, wenn wir diese Dinge beim Namen nennen sollen, sie nicht so nennen.

Meine Herren, Sie sind hier unter sich, und wir wollen offen reden, ohne falsche Scham und ohne lange Umschweife. Denken Sie daran, Sie verbindet das gemeinsame Geschick, Sie sind in diesem Geschick Brüder, und in einer Bruderschaft schämt sich ein Bruder nicht vor dem anderen. Ich schlage vor, daß Sie sich eine Minute lang gegenseitig in die Augen schauen, um unter sich eine Stimmung allgemeinen Vertrauens im Saal zu schaffen und die Atmosphäre für das Weitere vorzubereiten. *(Eine Minute Stille)* Fertig? Gut. Wir kommen zum nächsten Teil.

Ich bin gewohnt, meine Patienten – denn so gebührt es mir, Sie zu nennen, wie auch sonst, denn Sie sind doch mehr als nur meine Zuhörer, Sie sind zu therapeutischen, also zu Heilungszwecken hergekommen, und der Preis der Eintrittskarte, der Eintrittspreis zu meinem Vortrag ist das Honorar für eine psychiatrische Beratung, der Unterschied liegt nur darin, daß Sie im voraus bezahlt haben – in zwei Gruppen einzuteilen. Ich teile Sie ein in erstens diejenigen, die sich beklagen, wenn auch nur leise und nur vor sich selbst, denn solche Klage spricht man nicht einmal vor seinem besten Freund aus, über Mangel an Erfolg bei den Frauen und die noch leiser zugeben, daß die Frauen sich zu Recht nicht für Sie interessieren, weil

Sie – physiologisch und funktional genommen – ein derartiges Interesse nicht hinreichend befriedigen können, besonders dann, wenn es auftritt. Und zweitens in diejenigen, die sich über dasselbe beklagen, aber noch stärker. Das heißt, die überhaupt nicht in der Lage sind, ein eventuelles Interesse von seiten der Frauen zu befriedigen, obgleich Sie es sehr gern möchten. Schließlich müssen wir, um das Ganze zu erfassen, eine Untergruppe bilden. Zu ihr rechnen wir diejenigen, die im Unterschied zu den beiden obengenannten Kategorien entweder kein Interesse für die Frauen empfinden oder aber nur ein ungenügendes, es aber gern empfinden möchten.

Am Rande bemerke ich, obwohl das kein Trost für die Herren sein wird, daß der Mangel an Erfolg bei den Frauen nicht unbedingt durch die Gründe verursacht wird, die Sie bedrücken. Wobei ich vor allem an die beiden Hauptgruppen denke und nicht unbedingt an die Untergruppe. Zahlreich sind auch die Männer, die, obgleich sie sowohl morphologisch als auch funktional etwas vorzuweisen haben, keine Gegenliebe bei den Frauen finden. Dagegen sind Fälle bekannt, daß sogar von der Natur unzureichend ausgestattete Herren, solche, denen die Sache nicht jedesmal leichtfällt, bei den Frauen Gnade finden. Sie werden sagen: Ja, aber nur ehe es zu etwas kommt. Sie haben recht, aber nur bis zu einem gewissen Grade. Höchst seltsam nämlich ist, daß in manchen, allerdings sehr seltenen Fällen selbst die Feststellung des Unzureichenden, sagen wir, die augenfällige, auch wenn diese Bezeichnung nicht den gesamten Versuch umfaßt, ja sogar die Nichterfüllung der Erwartungen bei den Frauen keine Abscheu vor dem betreffenden Menschen und kein Umschlagen in Ablehnung ihm gegenüber bewirkt. Zwar kann danach von der eigentlichen Faszination nicht mehr die Rede sein, dennoch hören die Frauen nicht auf, die betreffende Person mit Sympathie zu bedenken, was alle hier Anwesenden gewiß sehr wundert. Ich sage: alle, weil ich nicht annehme, daß sich angesichts der statistischen Seltenheit dieses Phänomens jemand, den dieses Phänomen betrifft, im Saale befindet. Sollte sich jedoch einer hier befinden, würde er sich auch wundern, nur nicht erst seit heute.

Denn warum geschieht das, warum kommt das vor? Das weiß er selber ebenso wenig wie wir alle. Und ähnlich wie alle anderen hier versammelten Herren möchte er von dieser Schwäche geheilt werden, möchte er ein wahrer Herr der Frauen werden. Er ist also einer von Ihnen und hat im eigenen Interesse richtig gehandelt, herzukommen, falls er hergekommen ist und hier sitzt.

Denn einer der Vorzüge meiner Methode ist ihre Universalität. Sie betrifft Sie alle, die man, auch wenn Sie in zwei Gruppen und eine Untergruppe eingeteilt sind, mit einer einzigen allgemeinen Definition erfassen kann: Herren, die Frauen begehren, deren Begehren aber aufgrund dieser oder jener Störung oder Insuffizienz nicht oder nicht hinreichend befriedigt wird. Herren, deren Ideal die Gestalt eines für Frauen attraktiven, von Frauen gesuchten Mannes ist, eines Mannes, der in der Stunde der Bewährung die Frauen nicht nur nicht enttäuscht oder ihre Erwartungen nicht erfüllt, sondern sie noch übertrifft. Der ihnen Perspektiven eröffnet, die sie gar nicht erhofft, die sie sich gar nicht vorgestellt haben, der in ihnen einen unaufhörlichen Enthusiasmus für seine Person und eine dauernde Bindung an ihn weckt. Denn das Bedürfnis nach Erneuerung dieser Erfahrungen wird in ihnen übermächtig, und die Wiederholung steigert sie noch, was wiederum das Bedürfnis nach Wiederholung steigert. Es geht also um das Ideal des Mannes, der erst gefällt, dann zum Gegenstand der Liebe wird, des ewigen Begehrens und der Sehnsucht, wenn dieses Begehren infolge der Entfernung in Zeit und Raum nicht befriedigt werden kann. Das Ideal eines Mannes, der in der Frau immer die Frau weckt, grenzenlos und mit dem von nun an ewigen Bestreben, diese Fraulichkeit fortzusetzen und ins Unendliche auszuweiten. Und weil es ihr, der Frau, so vorkommt – sofern sie sich später nicht überzeugt, daß es ihr nur so vorgekommen ist –, als wäre das nur möglich durch diesen einen einzigen Mann, muß man das, was diese Frau denkt, mit dem Denken mindestens einer der Geraden vergleichen, von denen wir im Geometrie-Schulbuch lesen: Zwei parallele Geraden schneiden sich im Unendlichen. Mindestens eine dieser parallelen Geraden, wenn nicht gar beide, denkt: Wir streben gemeinsam zum Unendlichen.

Meine Methode, die wir später entfalten werden, beruht auf einer einzigen, kurzen Frage:

Meine Herren, wozu?

Ja. Statt Sie von Ihren Gebrechen zu heilen, statt Ihnen eine lange, mühselige und kostspielige Kur zu verordnen, deren Ergebnisse im übrigen stets zweifelhaft sind, schlage ich Ihnen vor, diese von anderen Psychotherapeuten gewöhnlich empfohlene Etappe zu übergehen, das Problem zu überspringen und es von der anderen Seite her zu betrachten. Um einen Vergleich zu gebrauchen – statt eine mutlose, schlecht bewaffnete und auf den Kampf nicht vorbereitete Armee zur Eroberung der Barrikaden zu führen, schlage ich vor, daß wir eben diese Barrikaden von der anderen Seite her betrachten, als befänden wir uns schon auf jener anderen Seite. Ich schlage Ihnen einen Blick aus einem Ihnen bisher unbekannten, unzugänglichen, aber sehr erwünschten Blickwinkel vor. Lassen Sie uns gemeinsam feststellen, was man aus diesem Blickwinkel sehen kann; und wenn wir es gesehen haben, wollen wir nachdenken. Und die entsprechenden Schlüsse ziehen.

Denn die Phantasie, die Ihnen die Erfahrung ersetzt, hat mit der Erfahrung nichts gemein, und nur die Erfahrung bringt uns der Wirklichkeit näher. Was diktiert Ihnen denn Ihre Phantasie? Sie malt vor Ihren Augen eine arkadische Landschaft des Glücks, in der jeder von Ihnen einen zentralen Platz einnimmt als eine Art Heros oder Halbgott, in jedem Detail mit großartiger Muskulatur versehen und auf einer Wiese zwischen Blumen und Nymphen ruhend. Bedenken Sie, meine Herren, daß diese Nymphen selbstverständlich die wichtigste Rolle spielen, sie umgeben als Zauberkreis den Heros und blicken ihn in Verehrung und Demut an. In Demut, bedenken Sie das, meine Herren, so stellen Sie sich das vor, in Demut oder vor allem in blindem Gehorsam, bereit, sich ihm auf jeden Wink hin zu ergeben und hinzugeben und sich auf jeden Wink hin in züchtige Entfernung zu begeben und dort zu warten – endlos, wenn der Heros das verlangt – wiederum auf seinen entsprechenden Wink hin. Stellen Sie sich vor, meine Herren, Ihnen sei ein magischer Korb ausgehändigt oder, um in der antiken Konvention zu bleiben, eine wertvolle Vase voll verschiedener Früchte. Sie sitzen im Schatten einer Zypresse, die Fliegen und Schmetterlinge kreisen, die Vase steht vor Ihnen, und Sie überlegen, was Sie jetzt kosten wollen. Eine saftige Feige? Einen Apfel? Eine Melone, eine exotische Mangofrucht, eine Orange oder zur Abwechslung gleich eine ganze Handvoll Rosinen? Haha, meine Herren, Bitterkeit und Schluchzen steigen Ihnen die Kehle hinauf, wenn ich für eine Weile, und sei es nur der Anschaulichkeit halber, diesen Traum mit Ihnen teile, den Sie für die Wirklichkeit halten.

Denn ich muß Ihnen ein anderes Bild vormalen. Nicht der Zauberkreis demütiger Nymphen umgibt Sie, nicht die Vase voller Früchte steht vor Ihnen, nicht die arkadische, sonnige Landschaft mit ihrem Grün und dem leichten Windhauch umgibt Sie. Und in der Mitte ruht nicht halb liegend und selig lächelnd, gesund und zufrieden der Heros. In der Mitte zwar steht er, aber ein ganz anderer, umgeben zwar, aber ganz anders und von ganz anderen Wesen, nicht von demütigen Nymphen. Wie umgeben und von wem, darüber später. Vorläufig behaupte ich nur, daß wir keinen Heros sehen, sondern einen Menschen, einen gewöhnlichen, tödlich erschöpften Menschen. Schauen Sie sich sein Gesicht an. Seine Augen blitzen nicht vor Lebensfreude, sondern blicken erloschen und stumpf vor sich hin, in ihnen liegt nicht die Euphorie der Siege, sondern nur die verzweifelte Determinierung des Überdauerns. Nicht die Augen des idyllischen Hirten blicken Sie an, sondern die des Kriegers unter dem von Schlägen und Stößen verbogenen Helmrand, und an seinen Backen haften Staub, Schweiß und Blut. Es sind die Augen des von vornherein zur Hinrichtung verdammten Gladiatoren, ganz gleich, ob er siegt oder nicht. Er weiß, sein einziger Erfolg kann ein kurzer Schlaf sein, der stets zu kurze Moment der Erholung zwischen einem Kampf und dem nächsten, und dieser Moment kommt viel zu selten, weil er fast alle Kämpfe beinahe gleichzeitig ausfechten muß. Und was die Landschaft angeht, so ist sie wild und düster, mit steilen Gipfeln und verräterischen Abgründen, in denen unablässig Gewitter mit Blitzen, Stürmen und Hagelschauern toben, nur selten einem undurchsichtigen, alles umspinnenden Nebel weichend. Ja, meine Herren, das ist es, wonach Sie sich sehnen.

Es ist mir klar, daß ich Sie bis jetzt nicht überzeugt habe. Sie glauben mir noch nicht und tun recht daran. Das war nur eine poetische Darstellung der Angelegenheit, eine blumige Metapher, die reine Rhetorik und kein überzeugendes Argument. Lassen wir also das Poetisieren, gehen wir zur wissenschaftlichen Analyse über.

Zunächst diese Nymphen. Beachten Sie, meine Herren, daß ich in der Mehrzahl rede, so wie Sie von ihnen in der Mehrzahl denken. Denn keinem von Ihnen fällt ein, wenn Sie von Ihrer verführerischen Macht träumen, daß diese Macht zu Füßen einer einzigen Nymphe unter Ausschluß aller noch so schönen und verlockenden übrigen niedergelegt werden sollte. Nein, wenn Sie Macht begehren, dann über alle, ich wiederhole, über alle, sogar über die weder schönen noch verlockenden. Aus solcher unbegrenzten Vielzahl erst möchten Sie beliebig und nach Geschmack und Gelüst wählen. Wie viele sollten es sein? Sie wollen diese Frage nicht beantworten, Sie wollen sie nicht einmal hören, denn schon der Gedanke an eine Beschränkung – und jede Zahl, auch die größte, wäre eine Beschränkung – ist Ihnen verhaßt. So sehr verbindet sich die Macht mit der Unbeschränktheit, daß, wenn Sie an die Macht denken, die Unbeschränktheit in diesem Gedanken gleich mit enthalten ist, *implicite* und *per se*. Sie denken gar nicht mehr separat an die Unbeschränktheit, Sie fügen Ihren Träumen von der Macht nicht die besondere und spezielle, ergänzende Klausel: »die Macht, ja, aber eine unbeschränkte« hinzu. Die Unbeschränktheit der Macht versteht sich von selbst, ja sie ist deren Vorbedingung.

In unserem Bild sehen wir also nicht eine Nymphe, sondern deren viele, und wir wollen das Bild nicht durch Pedanterie beeinträchtigen, das heißt durch die kleinliche Feststellung, wie viele es eigentlich sind. Wir können uns das erlauben, weil es sich um ein mentales Bildchen, das heißt eines in der Vorstellung, und kein materielles handelt, das auf einer materiellen, vom Rahmen begrenzten Fläche gemalt ist, so daß nur soundso viele Figuren Platz finden können. Bitte schön, da haben Sie es, ich will nicht knauserig sein. Zumal die Anzahl der Nymphen für die Fortführung meiner Überlegungen keine Bedeutung hat. Wichtig ist nur, was ohnehin gewiß ist, nämlich es gibt mehr als eine Nymphe.

Und hier, bitte schön, stolpern wir über den Eckstein des Problems. Denn obschon die Zahl jener Nymphen und Feen in Ihren Träumen unbegrenzt ist, immer können und müssen Sie es nur mit einer zu tun haben. Der Reihe nach, abwechselnd, nach Belieben, mit der Ersten von links oder Fünfzigsten vom Ende (aber von welchem

Ende, denn es gibt ja, wie wir vereinbart haben, kein Ende), doch immer nur mit einer. Lassen Sie sich nicht irreführen von Gruppenbeschäftigungen, die dieses Problem nur verschleiern, es jedoch nicht eliminieren können. Eine, und das steht im Widerspruch zu den vielen.

Ich sehe indessen, daß Sie das Grauenvolle des Dilemmas noch nicht begreifen. Ja nicht einmal das Dilemma selbst. Wo ist denn hier eigentlich das Dilemma? fragen Sie. Mag es halt eine sein, wenn nur viele vorhanden sind und zur Auswahl stehen. Darin liegt ja gerade der ganze Zauber, daß es die eine ist, aber in der unendlichen Zahl der Abarten, folglich eine, aber gleichsam nicht nur die eine. Wovon redet er eigentlich, womit schreckt er uns?

Damit, meine Herren, daß keine Nymphen Sie umgeben, sondern Frauen. Ihre Nymphen und erst recht Ihre Äpfel, Orangen und Feigen sind nur Produkte Ihrer Phantasie, die mit der Wirklichkeit, also mit den Frauen, nichts gemein haben. Um aber ein Mann zu sein, gibt es keine andere Lösung, keine andere Möglichkeit, keinen anderen Ausweg, als es mit Frauen zu tun zu haben.

Wenn ich noch keine Anzeichen von Panik im Saal bemerke, dann schreibe ich das ausschließlich der Langsamkeit zu, mit der diese Nachricht sich den Weg zu Ihrem vom Dunst Ihrer Phantasie, Ihrer phantastischen Träume verdunkelten Geist bahnt. Vielleicht wirkt auch der Selbsterhaltungstrieb, der Sie davor bewahrt, sich diese harte und unbarmherzige Wahrheit in ihrer ganzen Fülle, ganzen Schärfe und mit allen Konsequenzen bewußt zu machen. Auch sind Sie der Welt Ihrer von Kindesbeinen an in Stille und Sicherheit errichteten Hirngespinste zu sehr verbunden, Ihren – *excusez le mot* – onanistischen Praktiken, um diese sichere und höchst willkürlich oder beliebig – ohne Rücksicht auf die Wirklichkeit, ja ohne deren Wahrnehmung – erdachte Welt zu verlassen. Schon allein die Tatsache, daß es neben Ihnen, den Männerkandidaten, auf der Welt die Frauen gibt, ich wiederhole, die Frauen und nicht die Produkte Ihrer Phantasie, ist für viele von Ihnen eine erschütternde Offenbarung, um so mehr die unerbittliche Notwendigkeit, daß man es mit ihnen zu tun hat, wenn man ein Mann sein will. Ja, das überwältigt und lähmt Sie. Trotzdem müssen Sie der Wahrheit ins Auge sehen. Die Frauen sind eine Tatsache, sie existieren, und Sie werden nie Männer sein, wenn Sie diese Tatsache nicht zur Kenntnis nehmen, auch und vor allem wenn Sie es mit den Frauen nicht zu tun bekommen. Mit den Frauen und nicht mit Ihren Nymphen, mit diesen eingebildeten Wesen, die es nur in Ihren hermetisch abgeschlossenen, vergifteten Hirnen und sonst nirgendwo gibt.

Was denkt Ihr Euch nur, Ihr Hornochsen? Sie bilden sich ein, sie – das heißt die Frauen und nicht Ihre Nymphen – säßen so herum und warteten nur darauf, bis der Herr sie ruft? Ja vielleicht noch, daß jede den Kranz auf dem Kopf der anderen zurechtrückt und ihr Blumen ins Haar flicht, damit diese andere dem Herrn mehr gefällt als sie selbst? Daß jede nur daran denkt, wie angenehm es dem Herrn wäre, wenn nicht sie, sondern die zweite, dritte, zehnte sich um den Herrn kümmerte, sich an diesem Gedanken erfreut und glücklich ist und darin ihre höchste Belohnung sieht? So stellen Sie sich das vor, nicht wahr? Und was noch, was noch, Ihr Kretins?

Entschuldigung, ich habe mich hinreißen lassen. Die Nerven. Verzeihen Sie, meine Herren. Gleich beherrsche ich mich und nehme den Vortrag wieder auf, wie sich's gebührt, ruhig, objektiv und wissenschaftlich.

Wir haben das Grauenvolle des Dilemmas erwähnt, die Einmaligkeit gegen die Vielzahl. Wenn doch dieses Grauen nur das Grauen der Abstraktion und dieses Dilemma nur ein logisches Rätsel wäre! Mit der Abstraktion kommt man zurecht, mit den Frauen – nicht, wenn es ihnen um einen einzigen Mann geht. Für Sie, meine Herren, ist das Dilemma Einmaligkeit gegen Vielzahl kein

Lebensdilemma. Sie können es höchstens, wenn Sie Philosophen sind, in der Stille Ihrer Bibliotheken, am Schreibtisch, zwischen den Schreibutensilien entscheiden. Für sie aber, für die Frauen ist es ein Lebensdilemma. Also muß es auch für den Mann, das heißt für jemanden, der es mit den Frauen zu tun hat, ein solches Dilemma sein. Er kann dieses Dilemma nicht vermeiden – nicht in den philosophischen Kategorien, nicht in der Logik und Abstraktion, sondern im Leben.

Denn das ist das Paradoxon: Man hat wissenschaftlich festgestellt, daß die Frau sich keinem Mann zuneigt, der ihr nicht gefällt. Im Gegenteil, sie neigt sich dem zu, der ihr gefällt, und je mehr er ihr gefällt, desto mehr neigt sie sich ihm zu. Parallel dazu aber hat man festgestellt: Wer einer Frau gefällt, wer ihr am meisten von allen Männern gefällt, gefällt schon deshalb nicht nur der einen Frau, sondern auch anderen Frauen. Was jedoch – ausgerechnet – in dieser einen, also in jeder einen, also in allen zusammen und jeder besonders den schärfsten, dramatischsten und folgenreichsten Widerspruch weckt. Sagt man ihr: Geh hin und nimm dir den Mann, den die anderen nicht wollen, nimm ihn dir als ausschließliches und einziges Eigentum, dann wird sie mit »nein« antworten. Sagt man ihr: Dann sei damit einverstanden, daß, wer für dich am meisten wert ist, auch für die anderen ebenso viel wert ist, wird sie mit »nein« antworten. Wenn das kein Dilemma ist, dann zeigen Sie mir eines.

Von diesem Dilemma können Sie sie nur in der Welt Ihrer Phantasmagorien lösen, nicht aber in der Wirklichkeit, das heißt nicht dann, wenn Sie dieser selig-unselige Erwählte sind. Denn dann müssen Sie allen Konsequenzen dieses Dilemmas die Stirn bieten, und vielleicht begreifen Sie jetzt besser, warum nicht ein in unaufhörliche Seligkeit versunkener Heros, sondern ein gequälter Krieger den Platz in Ihrem metaphorischen Bild einnimmt. Gequält ist er aber nicht durch das, was in Ihrer frustrierten Phantasie umgeht, wovon Sie sich banale und vulgäre Anekdoten erzählen, während Sie im Kreise ähnlich Unerfüllter kichern und wiehern. Nein, darum geht es nicht, entfernen Sie von Ihrem Gesicht dieses dümmliche, verständnisinnige Lächeln, denn Sie begreifen wirklich nichts. Diese Kämpfe und Mühen, diese Beschwerlichkeiten und Plagen sind psychischer Natur und in weiterer Folge organisatorischer, praktischer, ich möchte sogar sagen, demütigend bürokratischer Natur.

Ein betrunkener paranoischer Tiger im Delirium ist nicht so schrecklich wie eine in ihrer Weiblichkeit verletzte Frau. Und was verletzt sie am meisten, wenn auch nicht ausschließlich? Die Eifersucht auf eine andere Frau, besonders die begründete. Und was ist noch schrecklicher als eine verletzte Frau? Zwei, drei und ... o Gott, o Gott ... mehr Frauen, die einen einzigen Mann lieben und eifersüchtig sind, eine auf die andere und alle auf jede und jede einzeln und alle zusammen, zugleich und gleichzeitig – wegen dieses einen Mannes.

Wahrlich, wahrlich, ich sage Euch, ein Kamel geht ruhig durch ein Nadelöhr, ein Vogel lebt im Wasser, ein Fisch in der Luft, doch dieser eine wird nicht ungestraft vor sich hinleben. Ungestraft? Das ist zu wenig, unendlich wenig gesagt. Bedenken Sie, was zuvor gesagt wurde über die betrunkenen Tiger-Furien und ihre Sanftmut im Vergleich mit eifersüchtigen Frauen. Und Sie wollen mitten unter ihnen, umgeben von ihnen Platz nehmen? Und eine solche Position ist Ihr erträumtes Ideal?

Zudem kann dieser Unselige nicht einmal den geringen Trost, die flache Befriedigung haben, den eifersüchtigen Frauen ihre Eifersucht übelzunehmen, sich über deren Konsequenzen zu empören und sich selbst für ein Opfer der Ungerechtigkeit zu halten. Er weiß, sie haben allen Grund und sind im heiligsten Recht. Denn wenn jede von ihnen sich für die einzige hält und diese Einzigkeit beansprucht, hat sie ihren heiligsten und berechtigten Grund dazu. Denn sie ist wirklich die einzige, diese jede eine, und darauf eben beruht der Verdienst des Mannes, daß er diese Einzigkeit, diese absolute Ausnahmehaftigkeit und Unwiederholbarkeit bemerkt und ihr Genüge zu tun versteht. Alles wäre in Ordnung, gäbe es nicht dieses Phänomen, das unseren Verstand so weit übersteigt und der Logik spottet, man könnte es eine teuflische Machination oder eine göttliche Anordnung nennen oder auch, ohne sich auf übernatürliche Mächte zu berufen, es als mathematisches Rätsel behandeln. Nämlich warum die Einzigkeit gleichzeitig eine Vielheit ist, warum die Unwiederholbarkeit sich wiederholt und warum die Ausnahmehaftigkeit keine Ausnahme ist.

Auch wenn das Leben des in dieses Rätsel verwickelten Mannes schwer ist, darf er nicht vergessen, daß das Leben der Frauen noch schwerer ist. Während der Mann darin nur verwickelt ist, diesem Rätsel gegenüber in der Beziehung der Nicht-Identität bleibt, tragen sie das Rätsel in sich, sind sie quasi mit ihm identisch. Überlegen Sie, welche unmögliche, trotzdem aber unausweichliche Frage sich ihnen stellt: Jede Frau muß der Existenz aller anderen Frauen auf der Welt widersprechen, das heißt gegen eine Offensichtlichkeit antreten, jede Frau muß annehmen, ja mehr noch, beweisen, daß es außer ihr keine andere, keine anderen auf dem gesamten Planeten gibt, daß sie die einzige Frau ist wie zu Beginn der Schöpfung. Dies ist das Recht, das ihr zukommt, und die Pflicht, die sie nicht umgehen kann, weil die Schöpfung ewig von Anfang an geschieht und wir ewig am Anfang der Schöpfung stehen. Wüßte ich nicht, was für ein Publikum ich vor mir habe, würde ich die Herren auffordern, sich von ihren Plätzen zu erheben, um diese heroischste und tragischste Mission zu ehren, die die Menschheit kennt und die das Schicksal der Frau ist. Ich würde Sie auffordern, ihr zu huldigen durch Verneigen und eine Minute tiefen Schweigens aus Bewunderung, Mitgefühl und Verehrung.

Doch kehren wir zurück zu Ihrem Ideal, das sich doch ganz anders darstellt, als Sie es sich einbilden. Zurück zu Ihrem Helden. Über die fast unaufhörliche Erschöpfung, die ihn kennzeichnet, und über die Gründe dieser Erschöpfung haben wir schon gesprochen. Aber noch nicht gesprochen haben wir von der Angst. Kann man jemanden einen Helden nennen, den die Angst fast nie verläßt, die Angst, nicht zurechtzukommen, es nicht zu schaffen und nicht fertig zu werden, etwas durcheinanderzubringen und zu verwechseln, etwas nicht zu erledigen, nicht übereinzubringen und nicht hinzukriegen, eine natürliche Angst, wenn wir bedenken, wie vieles er erledigen, ordnen und übereinbringen muß? Seine Intelligenz ist erschöpft vom ewigen Rätsellösen und seine Sensibilität dermaßen überlastet, daß er sich manchmal in eine starre Stumpfheit flüchtet. Er kann nicht, muß aber – dies ist die Devise auf seinem Wappenschild. Er muß? Warum eigentlich muß er, werden Sie fragen.

Und dies nun ist der dritte Grund, weshalb er kein Held ist, obwohl er uns als Held erscheint. Denn die Freiheit ist eines der wichtigsten Attribute des Helden. Wer sich Ihnen aber als Held präsentiert, wen Sie für einen Helden halten, ist ein Sklave. Sie beneiden ihn um das, was gerade seine Sklaverei ausmacht, den Zwang, der ihm auferlegt wurde – und man fragt vergeblich, wodurch und von wem. Um diesen Zwang beneiden Sie ihn, um diese Sklaverei, daß er ohne Frauen, ohne Weiblichkeit nicht leben kann, wie auch immer seine Aufstände und Befreiungsversuche aussehen mögen. Worum also beneiden Sie, meine Herren, den Galeerensklaven? Wessen Leben kommt Ihnen so verlockend vor, das Leben des Verurteilten? Qual, Angst und Unfreiheit – ist es das, was Sie reizt?

Geben Sie Ruhe, meine Herren. Hören Sie auf, Ihre Gebrechen als Benachteiligung zu empfinden, und sehen Sie in ihnen statt dessen ein Privileg. Wenden Sie sich ungezwungen und froh anderen Beschäftigungen zu, an denen es ja nicht mangelt und die Ihnen eine Befriedigung höheren, geistigen Ranges geben können, höher als das, was Ihnen im Kopf herumspukt. Sublimieren Sie sich. Erbauen Sie philosophische Systeme und kosmische Fahrzeuge, erschaffen Sie Literatur und Kunst, nehmen Sie sich der Politik an. Gehen Sie geheilt von hier fort, aber wirkungsvoller und dauerhafter geheilt als nur von irgendwelchen Insuffizienzen und Beschwerden. Geheilt nämlich von der Sehnsucht nach jener Krankheit, die da heißt:

NECESSITAS AMANDI FEMINAM

Ach ja, und damit es am Ausgang keine Mißverständnisse gibt: Die Kasse nimmt keine Eintrittskarten zurück, und den Redner zu schlagen wird gerichtlich bestraft. Ich danke Ihnen, leben Sie wohl.

Die Rache

Die Frau bemerkte nicht sofort, daß der Mann kleiner wurde. Die Sache war bereits im Gange, als sie während des Frühstücks fragte: »Was ist mit dir?«

Der Mann zuckte mit den Schultern, doch weil er sogleich begriff, daß ihm diese Geste nicht gut bekommen würde, tat er so, als juckte ihn der Rücken, bewegte die Schultern noch mehrfach und kratzte sich dann unter dem rechten Schulterblatt. Er wußte, was er gerade auf dem Gewissen hatte, doch war die Frage so allgemein gewesen, daß sie sich auf alles beziehen konnte, das heißt auf nichts Besonderes.

So kam er vorläufig durch. Die Frau drängte nicht weiter, vielleicht aber rettete ihn nur eine jener unvermittelten und rätselhaften Wendungen im Fluß ihrer Gedanken, wie sie bei ihr oft auftraten. Sie fing an, von einer flüchtigen Bekannten zu erzählen, die in irgendeiner Angelegenheit ein Versprechen gegeben und es nicht eingehalten haben sollte, was nach Ansicht der Frau kein gutes Licht auf den Charakter dieser ihm übrigens Unbekannten werfe. Geschickt unterstützte und verstärkte er diese Richtung ihrer Kritik durch einige Fragen und Kommentare; er schob sie an den Stellen ihres Monologs ein, die ihm die strategischen zu sein schienen. Er hatte darin Übung. Infolgedessen näherte sich das Frühstück monothematisch und ohne weiteren Zwischenfall seinem Ende.

Doch irgendwann einmal mußte sie es genauer bemerken, ohne daß er die Möglichkeit hatte, das heikle Thema abzuwenden. Denn der Prozeß dauerte an, und je länger er andauerte, desto sichtbarer mußten seine Resultate sein. Er machte sich nicht vor, sie werde es nicht bemerken. Er machte sich von Anfang an nichts vor. Außerdem war er entschlossen, er wußte, die endgültige Auseinandersetzung nahte, und wenn er sie aufschob wie während des Frühstücks, dann nur, weil er das, was er in ausreichender Menge erhalten würde, möglichst spät erhalten wollte.

Außerdem – wenn es schon zu Fragen käme, auf die es keine Antworten geben würde, und zu Forderungen, die nicht zu erfüllen sein würden, dann sollte das Objekt dieser Fragen und Forderungen reifen und sichtbar werden.

Außerdem – daß sie es noch nicht wußte, wohl aber er, bereitete ihm eine stille Befriedigung.

Fast hätte die Hose ihn verraten. Genauer die Hosenbeine. Er hatte nicht bedacht, daß auf die Sonnentage – da trug er Shorts – wie üblich in der Sommerfrische ein wolkiger und kühler Tag folgen und er ganz automatisch eine lange Hose anziehen würde. Eine zu lange, wie sich nun herausstellte, obwohl sie vor kurzem noch richtig gepaßt hatte.

Wie gewöhnlich gingen sie spazieren. Plötzlich blieb die Frau stehen, infolgedessen natürlich auch er. Doch sie sagte: »Geh weiter, mach ein paar Schritte.«

»Warum denn?« protestierte er und gab sich Mühe, daß sein Protest als Ausdruck seiner Abneigung gegenüber selbständigen Schritten klang, und wären es noch so wörtliche und wenige. Beziehungsweise als Manifestation seiner Zuneigung zu ihr, seiner Fürsorge, damit sie sich nicht verlassen und vereinsamt fühlte, weder für einen Augenblick noch auf eigenen Wunsch.

»Geh vor mir her, ich will etwas sehen.«

Jetzt wußte er, was sie sehen wollte, und das Herz schlug ihm schneller. Er ging.

»Halt.«

Er hielt an.

»Dreh dich um.«

Er drehte sich um.

»Was ist mit deiner Hose los?«

Er spielte den Überraschten und schaute nach unten. Er

sah, daß die Hosenbeine Falten schlugen und fast bis an seine Schuhspitzen reichten.

»Was denn?«

»Was fragst du, sie ist zu lang.«

»Zu lang?«

»Selbstverständlich zu lang. Mindestens sechs Zentimeter. Sechseinhalb. Was hast du mit ihr gemacht?«

»Ich?«

»Sie paßte doch sehr gut, genau richtig.«

»Ich ... ich hab' nichts gemacht.«

»Sie muß gekürzt werden.«

»Ja, unbedingt.«

Die Hose wurde noch am gleichen Abend gekürzt. Nach dem Abendessen. Daß ich das nicht vorausgesehen habe, warf er sich vor, während er scheinbar Zeitung las. Durch die sperrangelweit geöffnete Tür sah er, wie sie sich im Schlafzimmer mit Nadel und Faden über seine Hose beugte. Doch fiel ihm ein, daß er selbst seine Hose nicht zu kürzen vermochte und daß die Offenbarung früher oder später doch unvermeidlich gewesen wäre. Ja, sogar unerläßlich, als Teil seiner Rache.

Einige Tage hindurch war von nichts die Rede. Das heißt, von nichts in bezug auf ... Es kamen wieder Sonnentage, er konnte, ohne Verdacht zu erregen, die lange Hose fortlassen, die – er wußte das, er spürte das –, obwohl sie gekürzt worden war und obwohl er sie nicht anzog, länger und immer länger wurde. Nach dem Abendessen sagte die Frau, in ihrem tiefen Sessel sitzend: »Sei doch so gut und reich mir ›Das Verbrechen auf Schloß Hedgemoor‹.«

»Wo steht es?«

»Im Regal.«

Er trat an das Regal und bückte sich.

»Dort nicht, höher.«

Jetzt suchte er auf dem Brett in Höhe seiner Augen. Er ließ sich Zeit.

»Noch höher, auf dem obersten Brett.«

Er wußte, früher hatte er mühelos an das oberste Brett gereicht. Früher. Und er wußte, daß sie es wußte.

Er würde sich auf die Zehenspitzen erheben müssen. Und auch dann – wer weiß, ob er heranreichen würde. Wohl nicht ... Vermutlich nicht ... Bestimmt nicht. Noch hatte er die Hand nicht ausgestreckt. Aus ihrem tiefen Sessel heraus beobachtete sie ihn aufmerksam.

Er nahm den Hocker, stellte ihn vor das Regal, stieg hinauf, ergriff mühelos ›Das Verbrechen auf Schloß Hedgemoor‹, stieg vom Hocker und reichte es ihr.

An diesem Abend geschah nichts weiter. Und am nächsten Morgen auch nicht. Erst nach dem Frühstück, als er sich mit geschlossenen Augen auf dem Balkon sonnte ...

»Steh auf.«

Eine Stimme hinter ihm. Er wandte sich um. Sie stand in der offenen Balkontür, im Badeanzug. Früher hatte er ihre Brust von oben her gesehen. Jetzt – schoß es ihm durch den Kopf, vielleicht auch nur, weil er auf dem niedrigen Liegestuhl saß – könnte er eine Karyatide sein und mit erhobenen Armen und gespannten Muskeln diese beiden schweren Halbkugeln stützen ... Früher waren sie ihm weder groß noch schwer erschienen. Auch nicht zu hoch.

Er stand auf. In der Linken hielt sie ein hölzernes Lineal, in der Rechten einen Bleistift. Sie stellte ihn in die Tür, an den Rahmen.

Er widersetzte sich nicht. Er spielte nicht einmal den Verwunderten, was beinahe schon einem Schuldbekenntnis glich. Er sagte kein Wort, sondern blickte nur in die Ferne, weil er wußte, daß er nun seine Ruhe haben würde. So lange, wie die Expertise dauerte, das Beibringen von Beweisen, die zwar unweigerlich seine Schuld bestätigen würden, aber erst in einigen Tagen. Zwischen dem theoretischen Verdacht und der formalen Anklage – eine Zone der Stille.

Sie legte das Lineal waagerecht auf seinen Kopf und kennzeichnete mit dem Bleistift die Stelle, wo sein Ende den Türrahmen berührte.

Am weißen Rahmen häuften sich die Striche. Jeden Tag tiefer, jeder tiefer als der vorige, hinunter, hinab, immer tiefer. Auch sie schwieg. Beide schwiegen sie.

Am siebenten Tag oder eigentlich am achten Abend, nachdem sie sich schweigend nebeneinander hingelegt und das Licht ausgemacht hatten, vernahm er neben sich ein leises Schluchzen.

Er wartete. Er reagierte noch nicht. Doch er wußte, die schönen, die ruhigen Tage waren vorbei.

»Warum tust du mir das an?«

Er streckte die Hand aus, um ihr Haar zu berühren.

»Es ist doch nicht meine Schuld. Es geschieht ganz von allein.«

»Nein, das tust du absichtlich.«

Die erste Wonne: Er durfte ungestraft, völlig ungestraft widersprechen. Er wurde kleiner, ja. Aber daß er absichtlich kleiner wurde, dafür gab es keine Beweise, konnte und würde keine geben.

»Nein. Es geschieht von allein.«

»Was heißt das, von allein?«

»Aus sich heraus, ohne meinen Willen. Glaubst du wirklich, ich könnte das machen?«

Er wollte hinzusetzen: ... wenn du nicht wärest, hielt sich aber im letzten Augenblick zurück.

Sie antwortete nicht, doch wußte er, was sie ihrerseits sagen wollte: Du könntest. Ihrer Ansicht nach konnte er alles. Gegen sie.

Sie hörte auf, ihn zu messen. Sein Kleinerwerden war bestätigt, und daß es fortschritt – um das festzustellen, bedurfte es keiner Instrumente mehr. Er wurde weiterhin kleiner, von Tag zu Tag, ganz offensichtlich; und kleiner wurde auch die Hoffnung auf Umkehr dieses Vorgangs oder Stillstand. Ihre Hoffnung, daß er einhielt oder daß es einhielt, wenn er tatsächlich nicht aus eigenem Willen kleiner wurde. Wenn das tatsächlich ganz von sich aus geschah und nicht willentlich, absichtlich, ihr zum Trotz. Doch die letzte Hypothese konnte sie nicht akzeptieren, weil die Akzeptierung dieser Hypothese im Widerspruch stand zu tief gegründeten Prinzipien, zur tiefen Überzeugung ihres gesamten Lebens. Zu ihrer Weltanschauung.

Da begann sie, ihm zu drohen. Er lächelte nur blaß und ratlos und breitete seine Hände aus. Es war ein kleines Lächeln, weil auch sein Gesicht schon kleiner und mehr ein Gesichtchen geworden war, doch hinter diesem Lächeln verbarg sich ein großer Triumph. So wenigstens schien es ihr. Nein, es schien ihr nicht so, sie war dessen sicher, sie wußte mit absoluter Gewißheit, daß er triumphierte, daß er triumphierend lächelte. Denn sogar wenn er nicht absichtlich kleiner wurde, wenn irgend etwas ihn kleiner machte, wenn bei diesem Kleinerwerden sein boshafter Wille nicht mitwirkte ... nein, das durfte sie nicht zulassen ... dann würde er triumphieren ... er würde nicht, er triumphierte wirklich ... ja, dessen war sie sich ganz und gar sicher, ohne den geringsten Zweifel ... er triumphierte genauso, wie er triumphieren würde, wenn er nicht absichtlich kleiner würde. Auch wenn er nicht absichtlich kleiner würde, triumphierte er absichtlich. Auch wenn er nicht schuld daran war, daß er kleiner wurde, war er schuld daran, daß er triumphierte. Anders gesagt, sein Triumph bewies, daß er – so oder so – schuldig war. Denn er wollte kleiner werden, er wollte absichtlich ihr zum Trotz kleiner werden, auch wenn er nicht absichtlich kleiner wurde. Sein Gesicht schrumpfte und wurde immer kleiner, je kleiner der Rest seines Körpers und Organismus wurde, es zielte darauf ab, ein Gesichtchen zu werden und dann ein Gesichtelchen, doch je kleiner es wurde, desto mehr wuchs, erstarkte, vergrößerte sich in dem kleiner werdenden Gesicht der Ausdruck des Triumphs. Folglich wuchs, erstarkte, vergrößerte sich noch seine Schuld. Denn es wuchs, erstarkte, vergrößerte sich der Beweis seiner Schuld, sein Triumph.

Und sie konnte nichts dagegen tun. Welche Qual, welche wachsende Qual. Denn wie sollte sie ihn bestrafen, wie ihn aufhalten? Je kleiner und kleiner er wurde, desto schuldiger und schuldiger wurde er und desto weniger strafbar. Denn je größer und größer sie neben ihm wurde, desto hilfloser und hilfloser wurde sie. Bis sie vor ihm auf die Knie fiel und ihn zu bitten anfing.

Er stand auf dem Fußboden und reichte ihr, der Knienden, kaum noch bis zur Brust. Sie mußte sich bücken, doch auch so befand sich ihr Kopf nicht unterhalb des seinen und nicht auf gleicher Höhe. Darum hatte ihre kniende Haltung etwas Komisches an sich, ihr Flehen vebrannte sozusagen wie Pulver auf der Pfanne. Der Gedanke kam ihr, sich hinzulegen und vor ihm auf dem Boden zu kriechen, doch eine Riesin, die flehend vor einem Zwerg kriecht, das ist noch schlimmer und dümmer. Er aber breitete seine Händchen, Händelchen, Händelein, bereits Händeleinchen aus in einer Geste, die bedeuten sollte: Was willst du, ich bin unschuldig, die aber auch bedeuten konnte: Du kannst mir nichts mehr tun. Und er lächelte.

Später wurde es noch schlimmer, denn er schrumpfte zu so kleinen Ausmaßen, daß er sich mit (immer größerer) Leichtigkeit in allerlei Winkeln versteckte, obgleich sie ihm natürlich nicht beweisen konnte, daß er sich versteckte, daß er absichtlich ihren Augen entschwand. Bei ihren fieberhaften, an Panik grenzenden, schließlich panischen Suchaktionen verbrachte sie immer häufiger immer mehr Stunden. Um ihn am Ende in einer Schublade zu finden, in die er, wie er versicherte, durch Zufall geraten war, oder unter dem Schrank, hinter dem Heizkörper, einmal sogar am Boden einer leeren Flasche.

Bald hörte er auf, mit bloßem Auge sichtbar zu sein. Sie suchte ihn weiterhin, nun schon pausenlos und mit einer Lupe bewaffnet. Manchmal fand sie ihn noch, meistens aber nicht mehr. Und auch wenn es ihr gelang, ihn zu finden, dann nur in so kleiner Gestalt, daß sie ihn kaum erkennen und von Krümeln und Würmern unterscheiden konnte. Sein Gesicht war jetzt auch unter dem stärksten Vergrößerungsglas nicht mehr erkennbar, sie wußte kaum, ob er es war, und noch weniger sichtbar, sein Gesichtsausdruck. Dennoch plagte sie die Überzeugung, dieses Minigesicht lächele.

Bis zu dem Tag, da er ihren Augen völlig entschwand. Das war das Schlimmste.

Sie hörte auf, zu fegen und Staub zu wischen, weil sie befürchtete, ihn mit dem Schmutz hinauszufegen. Er konnte ja irgendwo sein. In der Galaxis der Luftstäubchen, angestrahlt von der auf- oder untergehenden Sonne, in den Wasserpartikeln, die beim Anhauchen den Spiegel überziehen, zwischen den Salzkristallen in einer ihrer Tränen. Er konnte, doch der Bereich ihrer Vermutungen erweiterte sich zum Makrokosmos, je mehr er sich in den Mikrokosmos entfernte. Und nur eines wußte sie mit Sicherheit, daß er da war (aber wo?), obwohl er scheinbar nicht da war.

Selbst in einer zivilisierten Gesellschaft vergeht viel Zeit, bis das Verschwinden eines Menschen bemerkt wird. Früher oder später aber kommt der Moment, wo das Verschwinden des Ehemannes aufhört, das Geheimnis der Ehefrau zu sein, da der Ehemann, obgleich Ehemann, dennoch auch Mensch ist, also Mitglied der Gesellschaft, die sich nach ihm erkundigt. Die Nachbarn, der Arbeitgeber, am Ende im formalen Ablauf der Dinge die Polizei.

Die Aussage, er sei durch langsames Kleinerwerden verschwunden, wurde als ungenügend nicht akzeptiert. In einem lang andauernden Untersuchungsverfahren konnte man ihr nichts beweisen. Darum brachte man sie in einem psychiatrischen Krankenhaus unter.

Die Entscheidung erwies sich als richtig. Sie hörte auf, die verrückte Geschichte von ihrem Mann zu erzählen, der kleiner und kleiner geworden und dann verschwunden sei. Sie verhielt sich normal. Nach der Beobachtungszeit beschloß man, sie als geheilt zu entlassen, und hatte bereits den Termin festgelegt.

Am Tage vor ihrer Entlassung erschien in der Anstalt ein neuer Patient. Ein Mathematiklehrer. Dreißig Jahre lang hatte er in dem Rhythmus, den der Stundenplan vorgab, mit gleichbleibender Häufigkeit den aufeinander folgenden Schülergenerationen das Wesen des sogenannten mathematischen Punkts klargemacht. »Ihr seht also«, pflegte er seinen Unterricht über dieses Thema zu beginnen, »der mathematische Punkt ist etwas, was existiert, er ist aber unendlich klein, das heißt, er ist, aber jeden Augenblick kleiner als er selbst. Ihr seht ihn, was?«

Die Mehrzahl der Mathematiklehrer erreicht ohne geistige Störungen das Pensionsalter. Ihn aber richtete diese beliebige, wahrscheinlich zur Belebung des Unterrichts individuell angewandte, aber vom Gesichtspunkt der mathematischen Sprache und der abstrakten Begriffe gänzlich unnötige Einleitung zugrunde: »Ihr seht also«, und der ebenso falsche Schluß: »Ihr seht ihn, was?«

Im Gemeinschaftsraum wollte niemand dem bescheidenen Lehrer zuhören. Napoleon war mit der Schlacht von Waterloo beschäftigt, Nero mit dem Niederbrennen Roms, Christus . . . kurz, jeder mit seinen Angelegenheiten. Nur sie lauschte ihm bis zum Schluß ernsthaft und mit äußerster Konzentration. Und als er mit jenem »Ihr seht ihn, was?« schloß, nickte sie zustimmend und entgegnete tief überzeugt:

»Ich sehe ihn. Ich sehe, daß er lächelt.«

Da hielt man sie auf unbegrenzte Zeit fest.

Um diese Zeit waren wir die einzigen Kunden. Der Instrukteur legte die Zeitung beiseite und gab uns die Munition. Wir verschossen jeder ein Magazin zu zehn Patronen.

»Wie ist das Wetter oben?« fragte er, als wir von neuem luden.

»Sonne, wenn auch einige Wolken.«

»Frühling.« Ich nahm es ganzheitlicher, weil ich einen synthetischen Verstand habe.

Wir gingen zurück auf die Stände. Wieder je zehn Stück. Der Instrukteur schaute kritisch zu.

»Diese ›Standard‹ sind nicht sehr präzise. Mögen Sie etwas Spezielleres nehmen, die ›High Velocity‹?«

»Geben Sie her«, stimmte Gerald zu.

»Wieder verlagern Sie nach rechts«, sagte der Instrukteur zu mir, während er auf dem Hocker an der Wand saß und meine Scheibe mit mäßigem Interesse betrachtete. Er hatte schmale graue Augen und sah ohne Fernglas, was auf der geschlechtslosen, weißen, von mir durchlöcherten Silhouette geschah. Ich konnte ihn hören, weil wir keine Schutzhelme aufgesetzt hatten. Bei 22 RL ist das nicht unbedingt nötig.

Nach der Serie gingen wir nachsehen. Er hatte recht. Nur ein einziges schwarzes Loch im roten Kreis. Die weiße Silhouette hatte ein kreisförmiges Herz.

Nebenan studierte Gerald sein Opfer. Er war nicht glücklich, obgleich er eine weniger kompromittierende Streuung hatte als ich.

»Am besten schießen Frauen.« Mit diesen Worten begrüßte uns der Instrukteur nachlässig. Er erwartete uns an den Ständen.

»Was Sie nicht sagen!« wunderte sich Gerald.

»O ja. Einer Frau muß man nur zeigen wie und was, und schon kann sie's.«

»Haben Sie noch was Größeres?« fragte Gerald.

»38er Smith and Wesson.«

»Wollen wir?« wandte Gerald sich an mich.

»Klar.«

Wir setzten die Helme auf. Das heißt Gerald und ich, der Instrukteur brauchte das nicht. Bei diesem Kaliber gibt es einen Blitz; sie schlägt schon ein bißchen. Endlich merkt man, daß man was in der Hand hat. Kein Vergleich mit den anderen. Ich fühlte mich besser, erheblich besser. Solange wir die Scheiben nicht angesehen hatten.

Wir kehrten zurück. Der Instrukteur las Zeitung.

»Meinen Sie das im Ernst?« fragte Gerald. »Das mit den Frauen? Ist das wirklich so?«

»Ich war oft dabei. Die Tatsache steht fest.« Er legte die Zeitung fort. »Noch je ein Dutzend?«

»Vielleicht eine andere . . . Was schlagen Sie vor?«

»Colt Python 357 Magnum.«

Ja, das war's, darum ging's. Ich spürte Wärme in meinen Fingern, während ich die schweren, goldenen Knödel in die Kammer lud, und dann das Gewicht in meiner plötzlich scheinbar kleiner gewordenen Hand.

»Halten Sie mit der Linken etwas mehr von unten«, korrigierte mich der Instrukteur. »Die Beine mehr eingeknickt und an den Atem denken. Mit der da ist nicht zu spaßen.«

Blitz, Knall, weißer Dampf . . . Der Knall wie im Baß, und das lebendige Wesen in den Händen jedesmal wie aufgescheucht, aber stark. Nicht nervös werden, wir sind beide stark. Denn erst jetzt spüre ich meine Kraft, die nach jedem Schuß wächst, die immer größer wird. Und noch etwas Neues . . . Durch die Nasenlöcher kommt mir dieser herbe, trockene Geruch zum Bewußtsein, der erregend ist wie Tequila oder Pfefferschnaps. Mir wurde warm.

Schließlich nehmen wir die Helme ab. Vom Stand nebenan taucht Gerald auf. Seine Augen glänzen.

Er lacht und schlägt mir auf den Rücken. Ich ihm auch, und ich lache auch.

»Gehen wir!« ruft er.

»Gehen wir!« wiederhole ich.

Siegessicher durchschreiten wir den Bunker der Länge nach, auf dem Weg zu den Scheiben.

Dort werden wir still.

»Er hat mir eine nicht justierte gegeben ...«, sagt Gerald traurig, während er seine Scheibe betrachtet.

Meine ist nicht besser. Und überhaupt, nur einige Treffer in der Silhouette, der Rest daneben. Bisher das schlechteste Ergebnis. Wir kehren zurück über den Beton. Jetzt sehe ich erst, wieviel Beton es hier gibt.

»Noch einmal?« fragt der Instrukteur.

Gerald und ich, wir schauen uns an.

»Ich glaube, ich muß jetzt gehen«, sagt er. »Du auch?«

Ich tue, als sähe ich nach meiner Uhr.

»Ich auch.«

Während er die Rechnung ausschreibt, schweigen wir. Dann sagt Gerald:

»Mit diesen Frauen ... wie erklären Sie sich das? Warum sind die so begabt?«

»Weil ihnen am Schießen nicht gelegen ist. Den Mann erregt das, die Frau nicht, darum kann sie sich konzentrieren.«

»Aber woher kommt das?«

»Weil der Mann Mann sein will. Er will sich hervortun und erregt sich, die Frau aber zielt ruhig.«

»Tatsache«, gibt Gerald zu. »Der Frau ist nicht daran gelegen, sich als Mann zu erweisen.«

Die Betonstufen hinauf und dort über den Teppich zur Kasse. In Schaukästen aus Glas mit Mahagonirahmen gleißen Waffen reihenweise. Die Firma wurde 1812 gegründet. Sonnenlicht von der Straße.

»Haben Sie sich gut amüsiert, meine Herren?« spricht uns die junge und hübsche Frau beim Kassieren fröhlich an.

»Danke, ausgezeichnet«, antwortet ihr Gerald.

Auf der Straße überprüften wir die Rechnung. Am teuersten war natürlich die Munition für die Colt Python 357 Magnum gewesen.

Das Geheimnis

Im Spätherbst kam Diabolo, Professor der magischen Künste, in unser Städtchen. Er stieg im »Hotel zum Erzengel« ab und mietete für drei Abende den Saal des Theaters »Fortschritt«.

Zu den interessantesten Programmpunkten gehörte das Kopfabsägen. Die Assistentin des Professors, eine junge, schöne Frau in schwarzem Samtkleid mit großem Dekolleté, setzte sich auf einen Stuhl, und der Professor stand daneben. In der Hand hielt er eine Stahlsäge.

Sie nahm die Perlenkette von ihrem langen, weißen Hals und übergab sie dem Professor, der verbeugte sich vor ihr und steckte die Perlen in die obere Tasche seines gleichfalls schwarzen Anzugs. Anschließend legte er die Säge an ihren weißen Hals und begann zu sägen.

Nach dem Absägen fiel der Kopf der Frau auf ihre Knie, die Frau ergriff ihn mit beiden Händen, stand auf und verneigte sich, ihren Kopf in den Händen, vor dem Publikum. Daneben verbeugte sich der Professor.

Dann setzte die Frau unter Beifall ihren Kopf wieder auf den Hals, und der Professor gab ihr mit derselben gepflegten Eleganz die Perlenkette zurück. Sie schmückte sich damit von neuem, der Professor reichte ihr sehr höflich den Arm, und sie gingen lächelnd hinter die Kulissen.

Als junger Mitarbeiter der Zeitschrift ›Familienkreis‹ begab ich mich ins »Hotel zum Erzengel«, um mit dem Künstlerpaar ein Interview durchzuführen. Man teilte mir mit, der Professor sei fortgegangen, seine Assistentin dagegen träfe ich im Speisesaal, wo sie gerade frühstücke. Es war fast schon Mittagszeit, doch Künstler stehen spät auf und frühstücken spät. Ich fand sie an dem Tischchen vor dem Fenster – allein. Der Saal war schon oder noch leer.

Ich entschuldigte mich wegen des unangekündigten Besuchs und berief mich auf die Pflichten des Reporters. Sie reagierte weder unwillig noch besonders willig. Vor ihr stand eine Tasse Kaffee, aber die Brötchen hatte sie nicht berührt.

Mit diskreter Neugier betrachtete ich ihren Hals; er war nicht entblößt wie während ihres Auftritts auf der Bühne (sie trug jetzt ein schlichtes Kleid aus dünnem Flanell mit einem kleinen Blumenmuster), aber es reichte. Obgleich er nicht so glatt und weiß war wie am Abend zuvor, als ich ihn aus einer gewissen Entfernung und im Scheinwerferlicht gesehen hatte, blieb es immer noch ein schöner Hals und vor allem ohne jede Spur der grausamen Operation, ohne die kleinste Wunde oder Ritzung.

Ich gratulierte ihr zu ihrem Erfolg und erzählte von der Begeisterung des Publikums; sie habe sich nicht nur im Beifall ausgedrückt, sondern auch in privaten Kommentaren, die mir in der Menge zu Ohren gekommen seien. Alle waren gleichermaßen begeistert, und die Mehrheit meinte, die Anerkennung gebühre hauptsächlich der Assistentin und nicht dem Professor. Denn schließlich – und das meinten alle – sägen könne jeder, aber sich zersägen lassen, und zwar so, daß der Kopf nach jedem Absägen wieder mit dem Körper zusammenwüchse, dazu noch ohne die geringste Spur, das sei die wahre Kunst.

»Nein, das ist keine Kunst«, sagte sie und blickte aus dem Fenster, hinter dem ein paar Sträucher auf dem Hof ihre letzten Blätter verloren.

»Wie das? Es ist doch mehr als eine Kunst, es ist ein wahres Wunder!«

»Ein Wunder? Sie reden von einem Wunder?« Ihre grauen Augen wandten sich von der Ferne ab und mir zu. »O ja, es ist ein Wunder, aber ganz anderer Art. Wovon Sie reden, das ist kein Wunder.«

Ich geriet in Verlegenheit.

»Aber wir alle sind doch Zeugen . . .«

»Alle ... ja, alle sehen es. Und glauben, was sie sehen, sei ungewöhlich. Statt dessen ...«

Sie blickte mich nicht mehr an. Sie schaute in ihre Kaffeetasse.

»Das, worüber sich alle so wundern, ist gar nicht das Verwunderlichste. Das Zusammenwachsen des zertrennten Körpers, das Wiedereinswerden ist schwierig und unnatürlich, aber es ist nicht das Schwierigste und Naturwidrigste. Sterben und wieder leben, von den Toten auferstehen ist eine Kleinigkeit im Vergleich mit etwas anderem, mit etwas, was wirklich unverständlich ist. Was wirklich ein Wunder ist.«

Sie verstummte, und ich hielt den Atem an in der Erwartung, ein Geheimnis zu erfahren, das, von mir in der Zeitschrift ›Familienkreis‹ veröffentlicht, aus mir einen berühmten Journalisten machen und den Anfang meiner großen Karriere bilden würde. Als ich schließlich nicht mehr länger warten konnte, fragte ich:

»Und was ist dieses wirkliche Wunder?«

Sie hob den Blick und sah mir diesmal direkt in die Augen, was mich verwirrte.

»Das wirkliche Wunder ist«, sagte sie langsam und nachdrücklich, »daß ich von allein und freiwillig mit diesem Leiden einverstanden bin. Immer von neuem und seit so vielen Jahren. Jedesmal schwöre ich mir: nie wieder, dies ist das letzte Mal. Ich werde ihn verlassen, dies wird meine letzte Tortur. Ich gehe fort und komme nie wieder. Trotzdem gehe ich nicht fort und stimme meiner Qual wieder und wieder zu. Worauf warte ich? Daß es mir beim nächsten Mal nicht mehr weh tut? Es muß doch weh tun. Ich weiß, es muß, und trotzdem ... Täusche ich mich so sehr, daß ich mich täusche, obgleich ich weiß, daß ich mich täusche? Das verstehe ich nicht, das begreife ich nicht, ich will nicht, und trotzdem stimme ich zu. Ganz von allein, aus eigenem Willen ...«

Sie unterbrach sich, und ich sah, daß sie mir nicht mehr

in die Augen blickte, sondern über meine Schultern hinwegsah.

Ich drehte mich um, ihrem Blick folgend. An der Tür stand der Professor in elegantem Umhang aus Kamelhaar und mit Hut. Anscheinend war er soeben aus der Stadt zurückgekehrt.

Wieder sah ich sie an, und nachdem ich festgestellt hatte, daß ich für sie aufgehört hatte, anwesend zu sein, verbeugte ich mich und ging, dem Professor ausweichend, der mir höflich den Weg freigab.

Ich habe im ›Familienkreis‹ nichts veröffentlicht. Denn eigentlich habe ich nichts erfahren.

Die Galionsfigur

Wer besucht nicht den Hafen, wenn er sich in einer Hafenstadt aufhält? Jede Hafenstadt existiert nur, damit Schiffe anlegen und ablegen. Am Anfang jeder Hafenstadt gab es ein Schiff, jenes erste, für das es bequem war, gerade hier anzulegen oder gerade von hier loszufahren. Dieses Schiff ist längst vergessen, aber die Stadt dauert fort.

Der Mensch sucht die Anfänge, weil ihm scheint, er würde etwas verstehen, wenn er den Anfang kennenlernte. Darum geht er an das Ufer, wo alles anfing. Ist er dort, bleibt er stehen. Weiter gehen kann er nicht, denn wo seine Füße stehen, endet das Land. Damit ist er auch einigermaßen zufrieden, weil es nicht seine Schuld ist, daß er nicht weiter gehen kann. Man kann es eben einfach nicht, also muß der Mensch nicht. Gewöhnlich muß er aber, auch wenn er nicht will und kann. Ich kam bei Sonnenaufgang und betrunken in den Hafen.

Meine Füße blieben am äußersten Rand des Landes stehen, und vor mir ragte ein Schiff auf. Senkrechte Masten, quer dazu Rahen, schräge Leinen. Es überragte mit seinem Bug das Ufer. Eine Weile mußte vergehen, bis ich durch den Dunst in meinem Kopf entdeckte, daß das Schiff ein weibliches Gesicht hatte.

Mehr als ein Gesicht. Kopf und Brust waren vorgereckt, ohne Zweifel eine weibliche Brust, die aus einem purpurnen Kleid hervorschaute, die Arme nackt, die Hände aneinandergelegt wie zum Gebet, aber nur wie, denn das Ganze machte keinen nonnenhaften Eindruck. Weder nonnenhaft noch klösterlich waren auch Arme und Gesicht, weiblich zwar, aber auch zugleich unweiblich, nicht aus Mangel an Weiblichkeit, sondern durch etwas, was ich nicht kannte. Ich schaute und schaute in der Hoffnung, es kennenzulernen.

Als ich nüchtern wurde, befand das Schiff sich bereits auf hoher See und ich mich auf dem Schiff. Zu jener Zeit geschah es manchmal, daß der Kapitän vergeblich auf die Rückkehr seiner gesamten Besatzung wartete, wenn er die Segel setzen und ablegen wollte. Um so lieber begrüßte er jeden, der einen Deserteur ersetzen konnte. An Trinker war der Kapitän gewöhnt und fragte nicht nach dem Grund. Ich wäre sicher nicht Matrose geworden, hätte ich mich nicht betrunken. Aber verliebt wäre ich auch dann gewesen.

Nicht wegen des Schiffes und nicht wegen des Meeres befand ich mich an Bord. Wäre das Schiff am Ufer geblieben, so wäre ich am Ufer geblieben und hätte es betrachtet, bis ich das Rätsel gelöst hätte. Notfalls monate- und jahrelang. Denn ich zweifelte nicht an der Lösbarkeit des Rätsels. Hätte aber das Schiff abgelegt und ich wäre am Ufer geblieben, dann hätte ich die Lösung nie erfahren. Darum mußte ich zusammen mit ihr ablegen.

Doch hatte ich nicht vorhergesehen, daß ich mit dem Beginn unserer gemeinsamen Reise, da ich nicht mehr von ihr und sie nicht mehr von mir fortgehen konnte, weniger Chancen haben würde als vorher. Eigentlich überhaupt keine Chancen mehr.

Denn obwohl sie das Schiff war, schwamm sie voraus, in welcher Richtung es auch immer fuhr. Über und vor dem Punkt angebracht, wo der Schiffsbug die Meeresoberfläche zerschnitt, blieb sie stets dem Raum vor uns zu- und von mir abgewandt. Ich konnte ihr jetzt nicht mehr ins Gesicht sehen. Auch wenn ich so weit wie möglich auf dem Bugspriet vorankroch und dabei riskierte, dicht vor die senkrechte Schärfe hinabzufallen, die unter mir die Welle zerschnitt, hatte ich doch nur die geschnitzten Haare und die runden Arme vor mir. Ich konnte diese sogar berühren, allerdings drohte mir der Verlust des Gleichgewichts. Doch ins Gesicht schauen konnte ich ihr nie.

Ich beneidete die Delphine, die dort auftauchten, wohin wir fuhren, und sie betrachten konnten. Ich beneidete die Möwen, die aufflogen, wo sie wollten, und sie nach Belieben anschauen konnten. Wolken zogen auf, der Horizont hob und senkte sich, Delphine zeigten sich und verschwanden, Möwen flogen heran. Nur sie blieb unbeweglich vor dem Horizont und den Wolken. Von mir abgewandt.

Und so wie ich zuvor nicht hatte erwarten können, daß wir den Hafen verließen, konnte ich jetzt nicht erwarten, daß wir im nächsten Hafen anlegten. Daß ich aussteigen und wieder an Land stehen könnte, um sie erneut zu betrachten. Denn allmählich war ich nicht sicher, ob ich ihr Gesicht behalten hatte oder nur mein Begehren, zu verstehen, was ich nicht verstanden hatte, als ich sie erblickte. Vielleicht wollte ich bereits weniger sie selbst sehen als vielmehr mich, während ich sie betrachtete, um festzustellen, ob der Beginn dieser ganzen Geschichte nicht bloß ein Moment war und folglich gar kein Beginn und ob es demzufolge diese Geschichte überhaupt nicht gäbe.

Die Fahrt dauerte lange. Widrige Strömungen, Winde und Stürme sorgten für Verspätung. Endlich kam Land in Sicht, ein anderes als das, was ich verlassen hatte, aber auch Land, im Grunde also dasselbe. Und ein Hafen, nicht derselbe, wo die Fahrt begann, aber auch ein Hafen, also nicht ganz dasselbe. Kaum wurden die Trossen festgemacht, lief ich von Deck an Land. Wieder erhob sie sich vor mir und endlich wie zu Anfang über mir, mir zugewandt. Ich sah die Figur, die Silhouette, die Brust, den Kopf, aber das Gesicht sah ich nicht. Ich kniff die Augen zusammen, weil ich dachte, die Erregung trübe mir den Blick. Als ich die Augen wieder öffnete, sah ich nichts anderes und nicht mehr als zuvor. Ich sah nur, daß ihr einst purpurnes Kleid verblaßt und fast von derselben Farbe war wie Arme und Gesicht, das heißt von der Farbe des früher mit verschiedenen Farben und Mustern bemalten Holzes, und das alles war später abgewaschen infolge der langen Einwirkung des Meeres, der Winde, des Regens, der Sonne. Also ohne Farbe.

Geblieben waren Kontur und Gestalt. Vielleicht das Wichtigste. Ich konnte mich erinnern, was in dieser Gestalt einst und zuvor gesteckt hatte, ich konnte wenigstens versuchen, mich zu erinnern. Ich konnte mir etwas anderes vorstellen, etwas vom Früheren Abweichendes. Doch nach so langer Zeit, nach so langer Fahrt war ich müde und erwartete, daß mir etwas geschenkt würde, nicht daß ich mir etwas schaffen mußte. Mein Gedächtnis war verblaßt, und die Phantasie konnte nichts hinzufügen zu dem, was gewesen war. Zu dem, was ist.

Ich konnte auch am Ufer warten, bis die Handwerker mit ihrer Farbe kämen und die Holzfigur wieder anmalten, eine von den Figuren, mit denen man damals die Segelschiffe schmückte. Sicher hätte ich so lange warten können, da man nach jeder Fahrt das Schiff reinigte, reparierte und anmalte, um es für die nächste Fahrt herzurichten. Ich hätte es können, aber es war nicht mehr dasselbe, und es war nicht mehr genauso.

Als ich ihm die Herausforderung hinschleuderte, war ich jung. In der Zukunft sah ich mich so:

Im leeren Palast, am reich gedeckten Tisch – ich warte. Die Kerzen brennen, gegenüber ist der Platz für den steinernen Gast. Und ich sah mich, wie ich damals war, aufgerichtet, glänzende Augen, begeistert von der eigenen Frechheit, die anwuchs bis zum Rausch, je mehr sich die Mitternacht näherte.

Ich sah nicht voraus, daß die Zeit vergeht, will sagen, daß zwar alles so sein würde, wie es sein sollte, aber ich nicht mehr derselbe wäre.

Nacht, und im leeren Palast, am reich gedeckten Tisch – ich warte. Die Kerzen brennen, gegenüber ist der Platz für den steinernen Gast. Und obgleich ich aufgerichtet bin, würde ich mich doch so gern vorbeugen und die Ellbogen auf den Tisch stützen. Die Erschöpfung wächst, je mehr sich die Mitternacht nähert.

Die Augen, ja, sie sehen noch, aber sie zwingen dem Gesehenen nichts mehr auf und versagen ihm auch nichts. Das Geschirr, ja, ist großartig, aber genauso wie das Blitzen des Silbers ist dort das dunkle Fleckchen auf der Pfirsichschale, klein noch ... Durchzug. Habe ich damals an den Durchzug gedacht? Bestimmt nicht. Die Gemächer weit geöffnet, vom Garten her dringt nächtliche Kühle ein. Die Kerzenflammen neigen sich im Windhauch, ein Nachtfalter kreist. Vor allem aber die Stiche im Schädel. Hatte ich früher Neuralgien? Nein.

Einst wollte ich mich fürchten, weil ich die Angst in Frechheit umwandelte. Je größer das Grauen, desto herrlicher meine Lästerung, meine stolze, wunderschöne. Heute dient die Angst zu nichts mehr. Sie bleibt Angst, gewöhnlich und langweilig wie die Neuralgie.

Halte ich durch? Trete ich vor der Zeit ab? Ach, nicht mal aus Angst, nur aus Zweifel. Denn ich glaube an das alles nicht mehr. Einst brauchte ich die Welt, und die Welt brauchte mich. Darum schleuderte ich ihr die Herausforderung hin. Ohne den gegenseitigen Bedarf hatte sie keinen Sinn, und jetzt gibt es den Bedarf nicht mehr. Für wen also heute diese Vorstellung? Denn für mich findet sie nicht statt und für die Welt auch nicht.

Mir kommt der Gedanke, sie abzusagen, mit dem Komtur irgendeine Regelung zu treffen. Mit ihm reden, ein reifer Mann mit seinesgleichen. Die Umstände erläutern, darstellen, wie der Anfang dieser Angelegenheit aussieht, von ihrem fast schon eingetretenen Ende her betrachtet. Ganz anders. Vielleicht ist auch der Komtur nicht mehr derselbe wie damals, vielleicht hat auch er sich geändert und versteht es deshalb? Aber er ist doch aus Stein, und Stein ändert sich nicht. Als ich ihn im Zweikampf tötete, versteinerte er zu einer Grabstatue und blieb so. Steinern war er bereits, als ich ihn zum Festmahl einlud, und ebenso später, in all den Jahren, als ich älter wurde, weil ich immer noch lebendig war. Er, der unveränderte, steinerne, wird jeden Augenblick kommen. Immer noch derselbe. El Convidado de Piedra. Also darf ich mich nicht selbst täuschen.

Eine Maus kraspelt. Was tut die Maus in diesem menschenleeren Marmorpalast? Das, was sie muß, leben, und da ihr zugewiesen ist, gerade hier zu leben, um so schlimmer für sie. Wovon ernährt sie sich hier? Sie hat es wohl schwer.

Letzten Endes soll eine Maus Zeuge dieser Vorstellung sein? Dieser kostspieligen, weil für ein großes Publikum vorbereiteten Vorstellung. Ich werde bezahlen mit dem zeitlichen Leben und der ewigen Verdammnis, das ist der Preis. Und jetzt, hier – eine Maus, nur eine Maus.

Warum eigentlich nicht zu Donna Anna zurückkehren, warum sie nicht um Verzeihung bitten? Es irren doch, die meinen, ich hätte sie so leicht verlassen, als wäre ich kein Mensch. Das ist nur ein Teil meiner Legende, der zu widersprechen – das gebe ich zu – ich mich nicht bemüht habe. Es wäre mir sehr viel leichter gefallen, bei ihr zu bleiben, als von ihr fortzugehen. Warum also nicht, aus Ehrgeiz, aus Stolz, aus Ehre? Aus Treue zur eigenen Legende?

Welcher Legende denn? Machen wir uns nicht lächerlich. Was die Ehre angeht, weiß ich seit langem, daß so der Hochmut heißt, also das Nichts. Mindestens in diesem Falle. Doch wie sähe diese Rückkehr aus? Da erscheint vor den Mauern ihres Klosters der gealterte Geliebte von früher. »Da bin ich wieder«, ruft er, »komm heraus zu mir, wir wollen gemeinsam die Leiche unserer Liebe ausgraben. Verzeih mir, daß ich sie getötet habe, wir wollen sie zwischen uns setzen und uns an sie schmiegen, denn meine Knie sind schwach geworden, und mein Rücken hat sich gebeugt, mir ist kalt.« Soll ich so zu ihr sprechen?

Und selbst wenn es anders wäre, denn die Erinnerungen sind lebendig ... Genau das ist es, die Erinnerungen, dort liegt der Kern. Ich denke an sie, wie sie war, als ich sie verließ, sie ist mir gegenwärtig, wie sie war vor Jahren, genauso. Genauso – das ist es, diese Wahrheit kann nicht Wahrheit sein, denn sie ist nicht mehr dieselbe, Donna Anna heute kann nicht dieselbe sein, die sie vor Jahren war. Auch sie. Auch sie ist vom Leiden versengt, verbrannt. Was also könnte ich noch von ihr wollen, was zu wollen hätte ich ein Recht?

Aber selbst wenn sie mich annähme, was und wie weiter? Das bedeutet von einer abgehauenen Hand fordern, den ins Meer geworfenen Handschuh wiederzufinden. Vom Frühling verlangen, auf den Sommer zu folgen, zu hoffen, das Vergehen verginge.

Und sogar, und sogar ...

Wenn alles, was war, nicht vergangen ist, dann ist auch nicht vergangen, was einst bewirkte, daß ich sie verließ.

Darum halte ich durch ohne Überzeugung. Ich werde der Legende Genüge tun. Mein Verderben aber, so voll von bedeutsamem Grauen für die Nachfahren, wird für mich leer sein. Ich werde in Müdigkeit und Mittelmäßigkeit zur Hölle fahren, obgleich ich es anders gewollt habe. Ich wollte etwas gegen etwas eintauschen; wie sich herausstellt, gab ich etwas für nichts. Und wurde selbst zu nichts. Das ist auch besser, denn die Hölle wird das Nichts verschlingen. Nicht nur ich, auch die Hölle wird betrogen sein.

Nur die Maus wird bleiben. Sie wird sich nähren, dieses Essen auf dem Tisch hier reicht für einen ganzen Hof, um so eher für eine Maus, auch wenn sie ausgehungert ist. Sie allein wird davon einen Nutzen haben.

Doch nein, nicht einmal sie ... Dieser Tisch wird ja zusammen mit mir in die Abgründe der Hölle versinken. Denn so ist es vorgesehen: Wenn es Mitternacht schlägt, erdröhnen von den fernsten Gemächern her die steinernen Schritte, das steinerne Echo hallt wider von den steinernen Wänden, lauter und lauter, näher und näher. Endlich naht er, ist da, bis ich ihn in der Tür erblicke. Dann werde ich mich von meinem Platz erheben, um ihn zu begrüßen. Wenn ich vor ihm stehe, streckt er die Hand aus, und ich reiche ihm die meine. Seine steinerne Hand wird meine menschliche umklammern. Ein Blitz, ein Donnerschlag. Die Erde wird sich auftun, Flammen auflodern, und unter Schwefelgestank wird dieser ganze Reichtum, das Silber, das Obst, die Weine, der Samt und ich selbst beim Händedruck des Komturs in die Tiefe stürzen. Für die Maus wird nichts bleiben.

Solange noch Zeit ist, nehme ich das Brot vom Tisch und lege es für die Maus zur Seite, außerhalb des Höllenkreises. Soll sie es haben und glücklich sein. Es ist nicht meine Sache zu entscheiden, ob das wenig bedeutet oder viel. Und wenn es nicht viel bedeutet, immerhin besser als nichts.

Die Epidemie

Als ich ein Kind war und dann ein junger Mann, ahnte ich nichts. Hat man es mir vielleicht verheimlicht, um mich nicht zu erschrecken? Später jedoch habe ich's bemerkt, und jetzt weiß ich es ganz sicher, daß auf der Welt eine seltsame Seuche herrscht.

Cholera, Typhus und andere haben ihre Namen und Symptome. Aus ihnen macht man kein Geheimnis. Wenn diese Epidemien auftreten, reden alle davon, es ist weiter keine große Angelegenheit. Doch – und gerade das ist so interessant – manche Kranke werden gesund, nicht viele, aber doch manche, was bedeutet, daß diese Krankheiten nicht in jedem Falle tödlich sind. Die von mir entdeckte Krankheit tötet bestimmt. Seit unvordenklichen Zeiten hat niemand, wirklich niemand sie überlebt. Und trotzdem spricht man nicht von ihr, und wenn man von ihr spricht, nennt man sie nicht beim Namen. Liegt es daran, daß niemand weiß, wie sie heißt? Ja sogar, wie eigentlich ihre Symptome aussehen?

Cholera und Typhus brechen von Zeit zu Zeit aus, dann hat man viele Bekannte, die diese Krankheit haben, später trifft man jahrzehntelang niemanden, der an Typhus oder Cholera erkrankt ist. Suche sie mit der Kerze – du findest keinen. Die seltsame Seuche aber, von der ich spreche, grassiert immer und unablässig. Je mehr Zeit vergeht, desto mehr Bekannte hast du, die – wie sich herausstellt – an ihr erkrankt sind. Sie sind ihr verfallen – bis unter die Erde.

Ich beginne darum anzunehmen, daß sie etwas mit der Zeit zu tun hat. Man sieht das gut am Beispiel meines Großvaters. Als er jung war, lebte er. Genauso im mittleren Alter. Dann ist noch etwas Zeit vergangen – und was sagt ihr nun? Er ist nicht mehr da. Er lebt einfach nicht mehr. Warum hat er gelebt, als er jung war, und später nicht mehr? Warum nicht umgekehrt? Das muß einen tieferen Grund haben.

Wenn wir uns noch weiter umblicken, zeigt sich dieser Zusammenhang zwischen Zeit und Seuche noch deutlicher. Zum Beispiel lebt heute kein, ich wiederhole, kein Mensch, der in der ersten Hälfte des vorigen Jahrhunderts geboren ist. Das ist die absolute Regel. Jenseits einer bestimmten Grenze hat die Anzahl der Jahre keine Bedeutung mehr. In bezug auf die vor fünfhundert Jahren Gestorbenen sind wir ebenso sicher, daß sie nicht mehr leben, wie in bezug auf die vor fünfhundertdreiundsiebzig oder tausend Jahren Gestorbenen. Nur bis hundert können wir noch etwas unterscheiden. Ja, zweifellos hat die Zeit etwas damit zu tun.

Man müßte also Alarm schlagen, auf die Straße rennen und schreien. Manchmal habe ich dazu Lust, schließlich ist es die Pflicht des einzelnen, Alarm zu schlagen, wenn der einzelne eine Gefahr für alle bemerkt. Warnen, laut rufen, hinweisen. Alle sollten sich vereinen und gemeinsam der Bedrohung entgegentreten. Wie, das weiß ich nicht. Dafür haben wir ja eine Regierung, politische Parteien und die ganze gesellschaftliche Organisation. Gehe ich aber auf die Straße, bekomme ich kein Wort über die Lippen. Ich habe den Eindruck, es herrscht eine allgemeine Verabredung zu schweigen. Denn wenn ich beginne, halten sie mich für einen Verrückten, obwohl sie sehr wohl wissen, daß es die Wahrheit ist, die ich herausschreien werde. Sie tun nur so, als wüßten sie nichts, und gestatten niemandem, laut davon zu sprechen. Ein Komplott oder eine Verschwörung. Aber ein Komplott zusammen mit wem, mit der Seuche? Das will mir nicht in den Kopf.

So bleibt mir nur, selbst über Gegenmittel nachzusinnen. Denn langsam entsteht in mir der Verdacht, das alles betreffe nicht nur meine Bekannten und Unbekannten, die Menschen, die es gegeben hat und nicht mehr gibt, die sind und nicht mehr sein werden. Was ist, wenn ich selbst bedroht bin? Früher schien mir das unmöglich zu sein, ich dachte einfach nicht daran. Jetzt aber . . .

Denn ich lebe – vielleicht beruht die Seuche gerade darauf. Ja, vermutlich darauf.

Und wenn auch ich aus diesem Grunde sterben müßte?

Unser neuer Gutsherr traf zum Johannistag ein. Groß war er und dick, mit rotem Nacken und roter Nase, seine Stimme dröhnte wie eine Trompete. Er besah sich den Hof, gab Bartek einen Dukaten, warf einen Blick in die Gesindehäuser, knutschte die Magda im Erlengehölz, ließ sich in die Scheunen führen, versetzte Wojciech eine Ohrfeige, schaute in die Kuhställe, aß ein Ferkel, ließ den geohrfeigten Wojciech holen, schenkte ihm eine französische Uhr und versetzte ihm noch eine Ohrfeige. Dann schlief er ein, und als er erwachte, befahl er, den Schlitten anzuspannen.

»Wieso denn den Schlitten, gnädiger Herr«, wandte der Kutscher besorgt ein, »es ist doch Sommer.«

»Den Schlitten, sage ich, du Dummkopf, weil ich diese Idee habe. Mein Wille geht vor, erst danach kommt der Sommer.«

Ja, und dann fuhr er mit dem Schlitten in der Gegend herum, durch das Getreide und über die grünen Wiesen.

Vor der steinernen Figur an der Weggabelung ließ er halten.

»Was ist denn das für eine Vogelscheuche?« fragte er.

Sie erklärten ihm, diese Figur werde Steinerner Pilger genannt. Der Stein sei wirklich einem knienden Menschen ähnlich. Niemand wisse, wo er hergekommen sei, es gebe ihn seit undenklichen Zeiten, aber es sei wohl kein Stein, eher ein ins Heilige Land wandernder Pilger, der wegen irgendwelcher Sünden in einen Stein verwandelt wurde. Alle hundert Jahre rücke er einen Fußbreit vor, so daß er erst gegen Ende der Welt in Palästina ankommen werde.

»Ankommen?!« schrie der Gutsherr, purpurrot vor Wut. »Das wollen wir mal sehen, ob er ankommen wird.

Bei mir gibt's das nicht, daß jemand, wenn er Lust dazu hat, durch meine Felder kriechen kann. Holt sofort Leute mit Stangen und Stricken und vier Paar Ochsen im Joch.«

So geschah es auch. Sie unterhöhlten den Stein, spannten die Ochsen vor und schafften ihn vier Meilen weit zurück bis hinter einen Hügel.

»Das wird er sich merken«, schnaufte der Gutsherr rachsüchtig. »Soll er diese vier Meilen noch einmal hinter sich bringen. An die hunderttausend Jahre wird er dazu brauchen oder auch mehr.«

Der Gutsherr liebte Maultaschen besonders. Eines Tages hatte ihm die Köchin so gute Maultaschen aufgetischt, daß er nach dem Mittagessen sehr zufrieden war. Er setzte sich in die Vorlaube, ein Seidel Bier vor sich, strich sich über den Bauch, rief schließlich den Verwalter und sagte:

»Soll er doch ... Schickt ein paar Leute zu diesem Pilger und schafft ihn voran.«

»An die frühere Stelle?« fragte der Verwalter.

»Nicht an die frühere, sondern noch zwei Meilen weiter in Richtung Palästina. Wenn ich ihn zurückversetzen kann, so kann ich ihn auch vorversetzen, und zwar noch weiter, als er schon war. Soll er den Herren kennenlernen.«

Sie führten seinen Auftrag aus und brachten den Steinernen Pilger bis hinter das Wäldchen in Richtung Palästina.

Keine Woche war vergangen, da begann die Gicht den Gutsherrn zu quälen. Er konnte nicht schlafen und verfiel in so schlechte Laune, daß jeder, der nur konnte, ihm aus dem Wege ging. Da erinnerte er sich an den Pilger.

»Zurück mit ihm, und nicht vier Meilen vor die Weggabelung, sondern sechs! Au, wie das weh tut!«

Sie schafften den Pilger erst zwei Meilen zurück und dann noch sechs, insgesamt acht. Der Gutsherr wurde gesund. Er rannte bereits im Erlengehölz wieder hinter der Magda und auf den Feldern mit der Flinte hinter den Wachteln her. So geht er denn mit den Schützen über das Feld, pfeift fröhlich vor sich hin, da sieht er den Steinernen Pilger stehen.

»Was tut er hier?« fragt er seine Schützen. »Warum steht er nicht hinter dem Wäldchen?«

»Der gnädige Herr haben ihn doch hierher zurückzuschaffen befohlen«, antworten die Schützen.

»Habe ich? Vielleicht habe ich wirklich. Nun, was macht's, daß ich's befohlen habe?! Jetzt befehle ich, ihn sofort wieder hinter das Wäldchen zu schaffen. Aber hurtig, denn hinter dem Wäldchen gefällt er mir besser!«

Und da hörten alle, wie der Steinerne Pilger mit steinerner, aber deutlicher Stimme zu dem Gutsherrn sagte:

»Verpiß dich.«

Der Gutsherr fiel auf die Knie, vermachte sein gesamtes Vermögen einem Kirchenfond für Witwen und Waisen und trat selbst in ein Trappistenkloster ein, wo er ganz mager und blaß geworden sein soll. Als demütiger Mönch vollendete er bei Arbeit und Gebet sein Leben. So völlig hatte ihn dieses Wunder bekehrt.

Den Steinernen Pilger aber haben wir in feierlicher Prozession zu seiner früheren Stelle an der Weggabelung gebracht. Nicht näher und nicht weiter, sondern genau dahin, wo er nicht aus menschlicher Willkür, sondern nach Gottes Willen stehen sollte.

An der Stelle aber, wo das Wunder geschehen ist, wurde eine Kapelle gebaut. Die Frage war nur, wem sie geweiht sein sollte. Doch die gelehrten Theologen kamen auf einen Gedanken, und an der Stirnseite der Kapelle wurde die Inschrift eingemeißelt:

QUOD DICIS, DOMINE?

Der Besuch

Ich sitze wie üblich am Tisch und trinke Tee, da erscheint auf der Schwelle der Erzengel mit dem Flammenschwert.

»Gib acht, Erzengel, daß dein Schwert den Schrank nicht anzündet, denn der ist leicht brennbar«, sage ich und versuche, einen Scherz aus der Sache zu machen. Diese Methode hat sich bewährt, ich habe sie schon mehrfach angewendet. Es genügt, die sogenannte groteske Fassung zu benutzen.

Aber er sagt nichts und blickt mich nur an.

Anscheinend gehört er nicht zur guten Gesellschaft, denke ich. Er hat kein groteskes Theater gesehen und kennt sich nicht mit Witzen aus.

Ich schiebe den Tee beiseite und überlege, was zu tun sei.

Sollte ich ihn materialistisch behandeln? Das ist von der Natur der Sache, das heißt von der Natur dieses Phänomens her unmöglich. Der Materialismus negiert ja derartige Phänomene. Negieren, ja, das geht. Aber nicht jetzt, wo er mich anblickt und sein Schwert hält; wenn er es hält, kann er damit auch etwas tun.

Vielleicht ein Kompromiß? Schließlich negiert die Psychoanalyse derartige Dinge nicht, sondern erklärt sie rational. Wenn es gelänge, ihn einer Psychoanalyse zu unterziehen, wäre ich gerettet. Ein Schwert, dazu noch ein Flammenschwert, paßt wie angegossen, das Symbol ist klar.

»Ich verstehe«, sage ich zu ihm. »Dieses Schwert unterliegt keinem Zweifel, ein klassischer Fall. Und jetzt, da ich mir dies bewußt gemacht und es interpretiert habe, kannst du gehen, Engel.«

Aber er sagt nichts, steht nur da und blickt mich an.

Was ist denn . . ., denke ich ein bißchen nervös. Dazu

haben wir doch nicht all die kulturellen Errungenschaften, dazu habe ich doch nicht studiert, daß ich jetzt nicht weiß, worum es geht, und mir den Kopf zerbrechen muß. Moment mal, habe ich vielleicht etwas vergessen? Oder läßt er sich irgendwie von hier weginterpretieren? Nur umfassender, nicht mittels der Psychoanalyse, über die man bereits allerlei Bedenken hört. Man muß ihn irgendwie mehr synkretistisch und moderner auffassen.

»Ich kenne mich mit der modernen Physik nicht aus«, wende ich mich versöhnlich an ihn. »Es gibt angeblich so etwas wie eine Indetermination zwischen der Teilchen- und der Wellenstruktur der Materie. Wenn du also etwas dieser Art bist, Engel ... so ein, sagen wir mal, Zwischenphänomen, Grenzphänomen, vielleicht sogar mehr, das heißt weniger ... ein *continuum*, meine ich, aber auch nicht gänzlich ein *continuum*, andererseits ...«

Nein, das auch nicht. Der Engel betrachtet mich unerbittlich. Und ich wundere mich überhaupt nicht, denn das klang selbst für mich nicht überzeugend, zudem hatte ich mich verheddert. Die Zeit vergeht, ich spüre, daß ich immer weniger Zeit habe.

»Darf ich auf die Toilette gehen?« frage ich.

Er verbietet es nicht und erlaubt es nicht. Ich nehme das als Erlaubnis. Schließlich bin ich nur ein Mensch, das ist meine Begrenzung, aber auch mein Recht. Auf die Toilette folgen wird er mir vermutlich nicht, dieses Schwert gehört nicht an einen solchen Ort. Und er gehört da überhaupt nicht hin.

Ich schließe den Haken hinter mir und habe plötzlich eine Erleuchtung.

Er verlangt ja gar nicht von mir, daß ich verstehe, wer er ist. Und erst recht nicht, daß ich ihm das erkläre. Wer er ist, weiß er doch selbst am besten. Jedenfalls erheblich besser, als ich es je ahnen werde. Der Engel ist doch etwas Größeres als ich, ein Mensch. Und wie kann der Kleinere den Größeren begreifen? Wenn er darum etwas von mir verlangt, dann nur, was er von mir verlangen kann, nur, wozu ich imstande bin. Und alles, wozu ich bestenfalls imstande bin, ist zu verstehen, wer ich selbst bin.

Um des Anscheins willen betätige ich die Spülung und kehre zu dem Engel zurück. Aber er ist nicht mehr da.

Jetzt kommt er erst kurz vor dem Ende, denke ich mir. Er weiß, daß sich dies nicht im Handumdrehen machen läßt.

Mein unbekannter Freund

Unter den vertrauten Geräuschen auf der Straße vernahm ich eines, das ich nicht sofort einordnen konnte. Wenn auch sehr viel leiser als die anderen, war es dank seiner Ungewöhnlichkeit doch deutlicher als diese. Es kam aus der Nähe, doch ich wußte nicht woher. Ein weiches Flattern, ein gedämpftes Rascheln, das abwechselnd stärker und schwächer wurde, als bemühte sich einer, jemanden im Flüsterton, dafür aber leidenschaftlich zu überzeugen. Ich blieb stehen und entdeckte die Herkunft dieses Lauts. Dicht über der Straßenoberkante war ein Kellerfenster, eines von jenen, die von außen niemand wahrnimmt, während von innen selten jemand hindurchblickt, höchstens für einen Moment und einmal binnen vieler Monate, ja sogar Jahre, bei einem Besuch im dunklen und schmutzigen Keller. Diese Besuche nimmt man ungern und nur unter besonderen Umständen vor, wenn man etwas im Untergrund, unter dem Grund des Lebens abzulegen hat, einen niemandem nützlichen Gegenstand, oder wenn man Rattengift streuen will. Hinter den Drähten des Netzes, mit dem dieses Viereck vergittert war – es hatte von Zeit und Vernachlässigung bröckelig angefressene Konturen, und das Netz war schmutzig vor Rost –, flatterte etwas Lebendiges, Blaugraues, Gefiedertes. Ich erkannte die Taube nicht gleich im ersten Augenblick, denn eine Taube, ein Vogel zeigt sich gewöhnlich im Flug, oder wenn er hoch oben auf dem Dach sitzt oder über die freien Flächen der Straßen und Plätze spaziert. An einer so unerwarteten Stelle eine Taube zu erkennen erforderte Überlegung und konnte nicht ohne Konsequenz bleiben, wie es geblieben wäre, wenn das Erkennen unter für die Taube gewöhnlichen und für mich nicht so merkwürdigen Umständen erfolgt wäre.

Wie war der Vogel in den Keller geraten, der nicht den Vögeln, sondern den Ratten gebührt? Nach kurzer Überlegung fand ich, glaube ich, die Antwort. Die Vergitterung des ganz ähnlichen Nachbarfensters hatte ein Loch, die Taube war bei ihrem Hin- und Herschreiten auf dem Bürgersteig diesem Loch nahe gekommen und, von irgend etwas veranlaßt, hineingeschlüpft. Als sie festgestellt hatte, daß sie sich an einem ungeeigneten Ort befand, wollte sie wieder hinaus, also auf Vogelart hinausfliegen. Sie flog auf zum Licht, stieß jetzt aber an ein Gitter ohne Loch. Es ging nicht in ihren Taubenkopf, zum Einlaß zurückzukehren und durch ihn hinauszuschlüpfen, besonnen und so, wie sie hineingelangt war. Jetzt, und wer weiß wie lange schon, attackierte sie das geschlossene Gitter und konnte sicher nicht verstehen, warum sie nicht emporgelangte, da sie doch flog, warum sie steckenblieb, da sie doch das Licht über sich sah. Sie erneuerte darum ihr vergebliches Bemühen und erstarrte dann hinter dem Gitter, um es nach einer Weile von neuem zu versuchen. Immer dasselbe und immer ohne Erfolg. Und deshalb war es für mich hörbar geworden, noch ehe ich es sehen konnte, als abwechselndes Sichsteigern und Nachlassen des Flatterns, des Geräusches. Ein Flattern, Eifern, Drängen und Flügelschlagen hinter dem Gitter – und dann die Unbewegtheit der Federn, das düstere, reglose Sichaufplustern und wieder das Flattern, die Bewegung.

Ich wußte, nicht der Zweifel ließ sie immer wieder herabsinken nach jeder erfolglosen Anstrengung. Ganz offensichtlich war ihr die Fähigkeit zu vernünftigem Denken nicht gegeben, sie konnte aus der Erfahrung keine Schlüsse ziehen, also nicht zweifeln. Nur die Erschöpfung bewirkte, daß sie herabsank. Ich wußte, die Taube ist kein Mensch. Wäre ich an ihrer Stelle und verhielte mich wie sie, dann, ja, dann hätte man sprechen können von der heroischen Überwindung des Zweifels, von einer trotz hoffnungloser Umstände so unbesiegbaren Hoffnung, daß man mich einen Helden oder einen Dummkopf nennen könnte. Doch von ihr konnte man das nicht sagen, weil sie kein Mensch war. Das alles wußte ich in meinem so viel größeren Menschenkopf, aber ich wußte auch, wie groß immer der Unterschied im Fassungsvermögen unserer Köpfe sein mochte – ich befand mich nur dank einem Zufall in Freiheit und nicht dank menschlicher Vernunft, während sie in Gefangenschaft saß. Das heißt, es könnte passieren, es könnte immer noch passieren, daß ich mit meiner Vernunft hinter das Gitter geriete, weil die Vernunft meiner Nächsten mich dort hinbrächte. Was wäre dann für ein Unterschied zwischen mir und dem Vogel?

Inzwischen verlief das Leben rundum auf seinen Wegen und Stegen, ohne sich um den Gefangenen zu kümmern. Und so wird es weitergehen, wenn er langsam vor Ermattung stirbt, und später, wenn er tot ist. Die Sonne schien, ein Kind aß Sahneeis, jemand trug eine Leiter, ein Hund beschnupperte einen Baum, der Baum trug Blüten, denn es war Frühling. Die Sonne separat, das Kind separat, die Leiter separat, der Hund separat, der Baum separat. Was Wunder, daß auch die Taube separat existierte, sie vor allem? Nur daß dieses Separat der Taube anderer Natur war als das Separat aller übrigen gemeinsam, denn diese alle litten nicht, die Taube aber litt. Die Gleichzeitigkeit, die Parallelität, das Geschehen des einen dicht neben dem anderen in vollkommener, unbeeinträchtigter Nachbarschaft, als wäre diese Nachbarschaft natürlich, obgleich sie es nicht ist – das gehörte sich nicht. So sollte es nicht sein. Aber es war so.

Worauf, auf wen sollte angesichts dessen die Taube zählen? Nur auf mich, auf die Sonne nämlich ebenso wenig wie auf die Leiter oder das Speiseeis. Nur darauf, daß ich ihr zu Hilfe käme. Die Taube war sich dessen nicht bewußt, ich aber war mir gewollt oder ungewollt dessen bewußt, für sie und für mich, und ich konnte nicht so tun, als wäre ich's nicht, weder vor mir noch vor ihr. Um ihr aber zu Hilfe zu kommen, mußte ich mich in das fremde Gebäude begeben, den Besitzer des Kellers finden und ihn bewegen, die Taube zu befreien.

So viel Mühe. An welche Tür klopfen? Wie oft würde ich den Zweck meines Besuches erstaunten, unwilligen Menschen erklären müssen, ehe ich dem Eigentümer jener Kasematte begegnete, der wahrscheinlich ebenfalls erstaunt und unwillig sein würde; ihn überreden, seine Beschäftigung zu verlassen, was immer das ist, den Schlüssel zu nehmen, hinunterzugehen ins Unterirdische, die Tür zu öffnen – und alles wegen einer Taube. Sie werden mißtrauisch und argwöhnisch sein, vielleicht werden sie mich für einen Verrückten halten. Man darf nicht hoffen, das Haus sei wie die Mehrzahl der Häuser von Taubenliebhabern bewohnt oder wenigstens von Menschen mit einem Überschuß an Phantasie, die bereit wären, das Nichtalltägliche zu akzeptieren, das ich in ihre Alltäglichkeit hineinbrächte – ohne Mißtrauen, Ängste und Widerstreben. Sie werden mich deshalb nicht gern haben.

Ich blickte mich um in der Hoffnung, ich könnte jemanden finden, der mich ersetzte. Denn tätig werden mußte man. Die Sensibilität allein genügte nicht, von ihr hatte die Taube nichts, wenn ihr nicht jemand zu Hilfe kam. Ich oder jemand anders, das war gleich. Ich hätte mich gern mit der Sensibilität begnügt und das Tätigwerden einem anderen überlassen, einer ebenso sensiblen, aber unternehmungslustigen Person. Doch ich erblickte niemanden. Die Notwendigkeit, aktiv zu werden, dauerte aber fort. Man mußte etwas tun.

Warum eigentlich? Manchmal findet man im Rinnstein Taubenleichen, früher oder später sterben alle aus diesem oder jenem Grund, und zwar nicht nur die Tauben, sondern alle Lebewesen. Ob diese Taube jetzt und hier sterben würde oder später und anderswo, käme auf dasselbe hinaus. Beruht nicht die ganze Natur darauf, daß Leben und Tod ineinander verflochten sind? Unvorstellbar viele Milliarden von Wesen sterben jeden Augenblick und ständig, und dennoch gibt es auf der Welt weder mehr noch weniger lebende. Mußte man das nicht sozusagen global und planetar betrachten, statt herumzustehen und Zeit zu verlieren? Jene Zeit, die immer da ist, die man aber nie hat, das heißt, ich habe nie Zeit, weil ich immer beschäftigt bin und gerade irgendwo hinging, als mich dieses Vogeldrama anhielt, ganz zufällig übrigens, denn ich hätte ja auch auf einer anderen Straße oder zu einer anderen Zeit dort hingehen können. Ein Drama? Übertreiben wir nicht, so ist der Lauf der Welt, darauf beruht das Leben. Machen wir aus einem kleinen Geschehnis keine große Geschichte.

Ich spürte, wie ich mich über die kleinen, beschränkten, sentimentalen, eigentlich merkwürdigen Regungen erhob und dabei größere Horizonte erfaßte. Weitschauend und scharfäugig, allgemein und global, außerdem fähig zur großen Synthese, begann ich munter – und erleichtert –, mich von dem Ort zu entfernen, an dem ich fast in Kleinlichkeiten verfallen wäre. Und um meine hochgestimmten Schlüsse durch die Autorität eines großen Dichters abzustützen, zitierte ich im Geiste:

> Ei, der Gesunde hüpft und lacht,
> Dem Wunden ist's vergällt;
> Der eine schläft, der andre wacht,
> Das ist der Lauf der Welt.

Ja, der gewöhnliche. Wer hat je eine unsterbliche Taube gesehen?

Als ich mich entfernte, traf ich einen Passanten in schwarzem Mantel und schwarzem Hut. Im Vorübergehen schloß er ein Auge und blinzelte mir verständnisinnig zu. Ich blickte mich verwundert nach ihm um, weil ich ihn überhaupt nicht kannte und diese Vertraulichkeit mich wunderte. Kannte er mich etwa, obgleich er mir fremd war? Er jedoch wandte den Kopf nicht und ging weiter. Wäre es ein Bekannter gewesen, den ich im ersten Augenblick nicht erkannt hatte, so hätte er sich umgeblickt, um meine Reaktion auf sein Verständigungssignal abzuwarten. Denn er hatte mir ganz deutlich so zugeblinzelt, als wären wir vertraute Freunde, ja sogar Teilhaber einer nur ihm und mir bekannten Angelegenheit, an einem vertraulichen, der Öffentlichkeit verschlossenen, zwischen uns beiden aber offenkundigen und uns verbindenden Geschäft. Doch nein, er ging geradeaus und wandte den Kopf nicht um.

Ich blieb stehen und blickte ihm nach, bemüht, dieses Rätsel zu lösen. Da bemerkte ich, daß er seltsame Schuhe trug, nicht geeignet für Menschenfüße, sondern für Hufe, und daß unter seinem Mantel ein schwarzer, zottiger Schwanz hervorschaute.

Im Verkehrsmittel

Ja, das hatte ich erwartet, davor hatte ich mich gefürchtet, das mußte passieren. Die Greisin war hundert Jahre alt oder auch nur achtzig, egal – sie zählte nicht zu den Personen, die trotz ihres fortgeschrittenen Alters genügend Kraft und Gesundheit besitzen, nicht nur um zu leben, sondern auch um ihr Recht zu leben durchzusetzen. Sie blieb dicht vor mir stehen, wirklich schwach und krank, leidend am Alter und sicher auch zusätzlich an Krankheit, zu schwach, um mich mit einem Blick empört oder vorwurfsvoll anzuschauen. Einmal nur sah sie mich an, aber demütig, unsicher und schüchtern bittend. Kaum bemerkte sie die Erfolglosigkeit, schämte sie sich, als hätte sie ein Recht gefordert, das ihr nicht zustand, als entschuldigte sie sich wegen ihrer Frechheit. Von nun an betrachtete sie nur den Boden oder vielleicht ihr eigenes inneres Unglück.

Sie stand weniger vor als über mir, denn ich saß bequem, ein junger Mann mit roten Backen und – schlimmer noch – mit einem Tennisschläger auf den Knien, was darauf hinwies, daß ich noch gesünder und kräftiger war als viele Menschen meines Alters, denn nicht alle betreiben einen Sport. Meine zu dieser Zeit und in diesem mit grauen Menschen vollgestopften Autobus ungewöhnliche weiße Kleidung bezeugte, daß ich frei war von der täglichen Sklavenarbeit und mich nicht um meinen Unterhalt sorgen mußte. Wenn jemand ihr seinen Platz anzubieten hatte, war vor allem ich dieser Jemand.

Vielleicht beeilte sich gerade deshalb niemand sonst. Sie zogen es vor, mich der allgemeinen Empörung preiszugeben, mich an den Pranger ihrer haßerfüllten (berechtigterweise haßerfüllten) Blicke zu stellen, sie zogen ihr Recht zu heiliger Empörung über mich und ihre Befriedigung über die Vollstreckung dieses Rechts vor, statt das Los der Greisin zu erleichtern. Hätte jemand von ihnen Mitleid und Solidarität vorgezogen, so hätte er der Greisin seinen Platz angeboten, doch dann wäre die erregende Spannung der öffentlichen Anklage, die mir galt, schwächer geworden. Irgendwie wäre der Zwischenfall beigelegt gewesen. Und gerade dieser Lust, der Lust berechtigter Anklage, berechtigten Zorns, wollten sie nicht entsagen. Dieser Zorn war ihr unerwartetes Fest, ihr Luxus in der leeren Alltagsarmseligkeit des Autobusses. Ein kräftiger, gerechter Zorn beseelte sie meinetwegen, sie, die doch eben noch halb dösend keine Ahnung davon gehabt hatten, womit sie sich beschäftigen sollten, sie, die mürrisch und hoffnungslos irgend etwas in sich gesucht hatten. Was für eine unvermutete Gnade, welch ein Geschenk des Himmels. Warum sollten sie darauf verzichten?

Daß sie nur nicht stirbt, bevor sie aussteigt, betete ich und gab vor, den Verkehr auf der Straße und die Fassaden der Häuser zu beobachten, ihre Anwesenheit scheinbar nicht zu bemerken und ebenso die Anwesenheit der anderen Fahrgäste. Sonst hätte ich mich überhaupt nicht mehr herauswinden können, sie hätten mich bestimmt verprügelt und, wer weiß, vielleicht auch vor Gericht geschleppt. Die Gesellschaft liebt es, öffentliche Tugenden zu betreiben. »Verurteilt wegen Zusammenarbeit mit dem Tode.« Und mein Foto in den Zeitungen, erst im Tennisdress, dann im Gefängnisdrillich, den Spaten in der Hand, vor einer Landschaft mit weiträumig zugeschnittenen Entwässerungsgräben, die der aufopfernden Arbeit der Insassen des Straflagers anvertraut sind. Um den Klassencharakter meiner moralischen Gesetzesübertretung zu unterstreichen.

Aber vielleicht habe ich Glück, und sie stirbt nicht nur nicht stehend vor mir, dem Sitzenden, sondern steigt im Gegenteil an der nächsten Haltestelle aus, der wir uns gerade nähern? Nein, natürlich ist sie nicht ausgestiegen, der Autobus fährt wieder an, wir fahren alle zusammen weiter, ich, sie und der Chor der Ankläger.

Wie üblich hat sich keine der radikalen Vermutungen erfüllt, weder die Hoffnung noch die Befürchtung. Sie haben sich miteinander geeinigt, die Befürchtung hat zur Hälfte nachgegeben, die Hoffnung auch zur Hälfte, und schließlich ist die Greisin ausgestiegen, lebendig, aber erst an der letzten Haltestelle.

Gegen Mitternacht fuhr der Bus ins Depot. Außer dem Fahrer und mir saß niemand mehr darin. Der Fahrer stieg aus, ich blieb. Dann stiegen die beiden mit dem Werkzeug ein, sie drehten die Schrauben ab, die soliden Schrauben, jede mit einer Unterlage unter der Mutter, mit einem Kopf Marke *Philips*. Damit war ich – zur größeren Sicherheit mittels pneumatischem und nicht Hand-Schraubenzieher – an meinem Sitz festgemacht gewesen.

Der Wächter der chinesischen Vase

In der Hauptstadt des großen modernen Staates befindet sich ein Museum und in diesem Museum eine Abteilung für Östliche Kunst. Von den sehr zahlreichen Ausstellungsstücken gehören manche zu den Raritäten und stellen als solche einen ungeheuren sowohl kulturellen als auch finanziellen Wert dar. Unter den Raritäten ragt ein Unikat hervor, ein einzigartiges Stück, das einzige auf der ganzen Welt. Weil es ein Unikat ist, läßt sich sein kultureller Wert nicht ersetzen und sein finanzieller in Geld nicht ermessen.

Dieses Unikat war eine bestimmte chinesische Vase, und ihre Einzigartigkeit deshalb so groß, weil man sie nicht als Ganzes gefunden hatte, sondern in Gestalt von eintausendneunhundertzweiundachtzig Scherben oder eigentlich Bruchstücken. Jedes dieser Bruchstücke wurde einzeln gefunden, während man fünfzehn Jahre lang den Flußschlamm durchsiebte. Man holte den Schlamm vom Grund des großen chinesischen Flusses, trocknete ihn unter speziellen Bedingungen und siebte ihn dann durch besondere archäologische Siebe. Aus den so wiedergewonnenen Bruchstücken erriet man das Ganze, natürlich nicht sofort, sondern nach und nach, im Verlauf der nächsten sieben Jahre. Und noch weitere sieben Jahre mußten vergehen, bis man die Vase, die vor fünftausend Jahren zu eintausendneunhundertzweiundachtzig auf dem Grunde des großen Flusses verstreuten Bruchstükken zerschlagen worden war, wieder zusammenkleben oder so wiederherstellen konnte, wie sie gewesen war.

In Anbetracht seines geradezu unermeßlichen Wertes erhielt dieses Ausstellungsstück einen besonderen Platz im Museum und einen eigenen Wächter. Gewöhnlich geben die Wächter in den Museen auf eine bestimmte

Anzahl von Ausstellungsstücken gleichzeitig acht, in diesem Fall war die Aufgabe des Wächters nur, diese einzelne chinesische Vase zu bewachen. Der Wächter hatte somit eine leichtere Aufgabe als seine Kollegen, aber auch eine unendlich verantwortungsvollere.

Gerade wegen der verantwortungsvollen Aufgabe suchte man lange, bis man einen entsprechenden Bewerber auswählte, einen gestandenen Mann, ohne Laster, ausgeglichen, einen glücklichen Ehemann und Vater, ehrlich und mit starkem Pflichtgefühl. Neben die chinesische Vase wurde ein Stühlchen gestellt, auf dem er von nun an sitzen sollte, acht Stunden täglich, sechs Tage in der Woche und elf Monate im Jahr – elf Monate, weil ihm ein Monat Jahresurlaub zustand. Für die Zeit dieses Monats wurde das Museum geschlossen, um die nötigen Renovierungs- und Reorganisationsarbeiten vorzunehmen.

Das dermaßen streng bewachte Ausstellungsstück – der Wächter ließ es keinen Moment aus den Augen, so lautete seine Aufgabe – war dadurch vor den Gefahren geschützt, die den Ausstellungsstücken in Museen drohen. Ein potentieller Räuber oder Vandale wußte, wenn er sich in der Menge der Besucher der Vase näherte, von vornherein, daß er hier keine Chancen hatte. Die unablässige und wachsame Anwesenheit des Wächters machte jeden Diebstahl oder unberechenbaren Unfug unmöglich. Der Räuber begab sich folglich in andere Regionen, wo er sein Glück versuchen konnte. Sofern sich im Laufe der Jahre im Museum Diebstähle oder Akte des Vandalismus zutrugen, dann nicht in bezug auf die chinesische Vase oder überhaupt auf ihre Umgebung. Die ständige Bewachung bewirkte, daß rund um die Vase maximale und nie durch irgend etwas beeinträchtigte Ruhe herrschte.

Diese Ruhe war der Wachsamkeit des Wächters keineswegs abträglich. Im Gegenteil. Je länger er seinen Dienst versah – es waren schon viele Jahre vergangen, seit er

Wächter geworden, und auch die folgenden vergingen –, desto aufmerksamer bewachte er den ihm anvertrauten Schatz, mit desto mißtrauischeren Blicken bedachte er die Besucher. Denn die Erfahrung lehrt, je länger etwas nicht geschieht, desto größer wird die Wahrscheinlichkeit, daß es geschieht. Gleichzeitig aber hörte der unermeßliche Wert der Vase mit dem Ablauf der Jahre, in denen niemand ein Attentat auf sie versuchte, nicht auf, unermeßlich zu sein, sondern wuchs, gleichfalls im Gegenteil, nicht in Zahlen, denn das Unermeßliche oder Unendliche kann nicht wachsen, nur an Kraft der Legende und des Mythos. Denn je länger die Unberührtheit des Mythos dauert, desto mehr wächst er, und nur die Profanierung kann das Wachstum des Mythos anhalten. Deshalb maß man dieser chinesischen Vase als kulturellem und materiellem Wert immer größere legendäre Bedeutung bei.

Der Wächter der unschätzbaren Vase näherte sich langsam dem Rentenalter. Er führte weiterhin ein glückliches Familienleben, man hatte ihn in Anerkennung seines jahrelangen untadeligen Dienstes befördert, und dank seiner Sparsamkeit – bekanntlich war er ein Mensch ohne Laster – hatte er es zum Eigentümer eines Häuschens mit Garten gebracht.

Schließlich kam der letzte Tag seines Dienstes, bereits am nächsten Tag sollte er seine Stelle der kommenden Generation übergeben und in den Ruhestand treten. Im Empfangssaal wurden Vorbereitungen für eine Feier getroffen. Abends sollte der verdiente Mitarbeiter verabschiedet werden. Man wollte ihm eine Medaille und eine Anerkennungsurkunde überreichen, worauf ein Festessen in Anwesenheit der Direktion, von Vertretern des Ministeriums und der Kollegen stattfinden sollte. Wie gewöhnlich bezog er seinen Posten, doch zum ersten Mal befiel ihn das Gefühl, es werde etwas Außergewöhnliches passieren. Denn sein sechster, in dreißig Dienstjahren entwickelter Wächtersinn sagte ihm, heute werde sich etwas ereignen, was sich noch nie ereignet hatte. Seine Unruhe war deshalb verständlich. Er befürchtete, gerade heute, da er zum letzten Mal seine Pflicht erfüllte, diese Pflicht, die er dreißig Jahre lang untadelig erfüllt hatte, werde jemand die Hand gegen das von ihm geschützte Heiligtum erheben und seine gesamte Karriere verderben, falls er dieses Sakrileg nicht verhindern könnte.

Er verstärkte seine gewohnte, in so vielen Jahren geübte und gesteigerte Aufmerksamkeit bis zum Letzten. Sein Blick durchbohrte geradezu jeden, der sich dem Heiligtum näherte, er sah jeden Schritt und jede Bewegung voraus, kam jedem Geräusch und beinahe jedem Atemzug zuvor. Er erstarrte in unablässiger Bereitschaft, beim geringsten Anzeichen von Gefahr zuzuspringen, Schlimmes zu verhindern, zu unterbinden und unmöglich zu machen. Wie langsam vergingen die Sekunden der vielen, vielen Stunden. Doch je länger nichts passierte, desto mehr wuchs seine Überzeugung, am Ende müsse etwas geschehen.

Schon war es später Nachmittag, schon dämmerte es und das Ende der Qual nahte. Inzwischen jedoch hatte sich seine Vorahnung eines ungewöhnlichen Geschehnisses in Gewißheit verwandelt, und als die Glocke ertönte, die dem Publikum verkündete, es sei Zeit, das Museum zu verlassen, konnte er nicht glauben, daß der Tag vergangen und nichts passiert war. Weder heute noch in den letzten dreißig Jahren.

Er konnte es bis zum letzten Augenblick nicht glauben, auch dann nicht, als der letzte Besucher durch die ferne Tür verschwand, und dann, als er im Museumssaal allein blieb, allein vor der weiterhin unberührten, unversehrten und unschätzbaren chinesischen Vase.

Sie zu zerschlagen, war leicht. Er schaffte es mühelos im Laufe weniger Sekunden mit Hilfe seines Spazierstocks. Er litt seit einiger Zeit an Rheumatismus und benutzte einen dicken Stock. Nachdem er das Ausstellungsstück in eintausendneunhundertzweiundachtzig Scherben zerschlagen hatte, multiplizierte er diese Zahl noch mit drei und zermalmte jedes Bruchstück extra mit seinen Absätzen. Anschließend verließ er das Museum durch einen Seitenausgang, ohne daß ihn jemand bemerkte.

Er entfernte sich in dem Bewußtsein, daß sein Leben nicht ohne Sinn abgelaufen sei. Denn wie sich nun herausstellte, war seine dreißigjährige Wachsamkeit voll begründet gewesen. Die Gefahr, der er hatte entgegenwirken sollen, hatte sich als real erwiesen. Außerdem fühlte er sich frisch, wie verjüngt. Und nicht nur um dreißig, sondern um fünftausend Jahre.

Routine

Ich bin Feuerwehrhauptmann. Zu meinen Pflichten gehört es, Brände zu löschen und Personen zu retten, die Selbstmord begehen möchten.

Ihre Zahl nimmt zu. So sieht meine Routine aus:

Wir erhalten die Meldung, daß in der Sowiesostraße Nummer soundsoviel jemand die Absicht hat, aus einem hochgelegenen Stockwerk, meistens sogar vom Dach herunterzuspringen. Wir fahren hin. Keine Mühe, das Haus zu finden, eine beträchtliche Menschenmenge schaut bereits nach oben.

Auf dem Gesims steht der Selbstmörder. Wir stellen die Leiter an, ich steige hinauf. Je höher, desto vorsichtiger, um ihn nicht zu erschrecken. Das heißt, damit er nicht springt, bevor wir ihn retten können.

Meiner Meinung nach braucht man das nicht zu befürchten. Er wartet ja gerade auf mich. Er hätte ja sogleich springen können, nicht nur vor unserer Ankunft, sondern sogar bevor sich die Menge versammelte. Er hätte zehn-, zwanzigmal springen können, ehe jemand ihn bemerkte. Aber nein, er wartet auf die Menschenmenge und anschließend auf uns. Erst dann beginnt die Vorstellung.

Ich steige also die Leiter hoch, immer näher zu ihm, und tue so, als wäre mir unerhört viel daran gelegen, daß er einverstanden ist, am Leben zu bleiben. Das erwartet er ja von mir, dafür werde ich bezahlt. Außerdem – wenn ich weniger so täte als ob, wäre das unten versammelte Publikum mit mir weniger zufrieden.

Heute bin ich schlechter Laune, dazu das ekelhafte Wetter, kalt, windig, vor allem hier oben. Hätte ich mir die warme Unterwäsche angezogen, wäre ich vielleicht in besserer Form. Bei schönem Wetter fällt es leichter, den

Dummkopf zu spielen. Nicht aber, wenn der Wind dir bis ins Mark dringt. Außerdem werde ich älter, wie oft habe ich schon diese Rolle gespielt!

Ich nähere mich ihm langsam, und er tut wie gewöhnlich als ob: Noch einen Schritt und ich springe! Ein Typ ähnlich den früheren, schlampig, ärmlich, mit stumpfem Gesichtsausdruck. Dieses Vergnügen ist die Spezialität der Debilen. Leute, die Grips im Kopf haben, bringen sich ohne solche Zeremonien und wirklich um.

Ich weiß, was ich jetzt zu tun habe. Anhalten und zu ihm sprechen, mit möglichst sanfter Stimme. Ihn beruhigen, ihm auseinandersetzen, wie schön das Leben und wie sehr uns allen daran gelegen sei, daß er lebt. Mir persönlich, denen da unten und überhaupt der ganzen Gesellschaft. Ganz besonders liegt uns daran, daß noch ein Trottel in der Welt herumgeistert und die Luft verpestet!

Und die da unten tun auch so. Sie sind ihrer Wege gegangen, ein Tag wie alle anderen, Langeweile. Und nun erleben sie dieses Schauspiel. Der Selbstmörder auf dem Gesims. Fast springt er schon – Sensation. Natürlich wissen sie, daß die Feuerwehr kommt und die Rettung stattfindet und sonst nichts weiter daraus wird. Aber sie hoffen bis zum Schluß, daß er doch springt. Sie wissen, daß alles ohne Effekt endet wie immer, trotzdem ... Sie denken, vielleicht diesmal ... Vielleicht rutscht er aus oder ... Vielleicht bricht das Gesims ab ... Sie können nur mit einem Zufall rechnen, folglich warten sie darauf. Und ich muß mich bemühen, daß sie nicht enttäuscht sind von der Vorstellung, aber enttäuscht werden in dem, woran ihnen am meisten gelegen ist. Widerwärtig!

Wir tun darum alle so. Der Selbstmörder, als wollte er sich umbringen, obwohl es genau umgekehrt ist. Er möchte ein Held sein, auf sich aufmerksam machen, ein Publikum haben, und man soll über ihn in der Zeitung schreiben. Vor allem möchte er leben, und deshalb tut er so, als wollte er nicht. Die Menge tut so, als fürchtete sie sich vor dem Gräßlichen, das geschehen soll, und rührt sich nicht von der Stelle, um zu sehen, wie es nicht geschieht. Ausgerechnet! Im Grunde wünscht sie nichts so sehr, wie etwas Aufregendes zu sehen. Seit die öffentlichen Hinrichtungen abgeschafft wurden, gibt es für die Menge keine andere Chance. Und ich tue so, als glaubte ich dem Selbstmörder und glaubte denen da unten, und ich muß so handeln, als wüßte ich nicht, um was es ihm und denen in Wirklichkeit geht. Zu ihrem Vergnügen muß ich mich dümmer stellen, als ich bin.

Ich nähere mich ihm auf der Leiter, und kaum bin ich nahe bei ihm, aber noch nicht zu nahe, macht er einen Schritt hin zum Rand, als wollte er springen, ehe ich ihn aufhalten kann. Jetzt muß ich haltmachen und mit meiner Nummer beginnen. Folglich mache ich halt. Unten sind schon die Journalisten eingetroffen und fotografieren uns. Die Fernsehwagen sind da, die Kameras laufen. Die Verkäufer von gebrannten Mandeln sind gleichfalls gekommen und die Händler mit Brötchen. Sie wissen, daß sie ein gutes Geschäft machen werden, denn das Grauen macht dem Publikum Appetit. Ich aber habe heute fast nichts gegessen, denn morgens früh bringe ich nichts herunter, es ist noch recht zeitig, überhaupt fühle ich mich vormittags nicht besonders wohl. Auf den Fotos und im Fernsehen sieht man mich von hinten, ich bin hier nur der Schauspieler Nr. 2, der auf dem Gesims ist die Nr. 1. Im übrigen bin ich in dieser Vorstellung schon so oft aufgetreten, daß sie mir gleichgültig geworden ist und mir überhaupt nichts mehr daran liegt. Außerdem bin ich ein ganz gewöhnlicher Feuerwehrmann, technisches Personal, Bedienung, ich tue nur, was ich zu tun habe. Der wirkliche Star ist der auf dem Gesims, mit dem Gesicht zur Kamera.

Doch was hilft's, man muß anfangen. So fange ich an

mit meinem Zureden. Ich wende mich so sanft wie möglich an ihn:

»Hallo, Mann! Einen Moment mal, was wollen wir da gerade tun?«

Der da schmollt scheinbar, macht einen Schritt vorwärts, geht nicht zurück, aber auch nicht mehr weiter. Anscheinend hört er nicht auf mich, aber natürlich wartet er doch auf die Fortsetzung. Ich will nicht behaupten, er habe darin Übung, aber jeder von ihnen, auch wenn er's zum ersten Mal macht, benimmt sich wie ein Fachmann. Punkt für Punkt wie nach einer Vorschrift.

»Verstehe, verstehe, selbstverständlich haben wir Gründe. Doch wir wollen lieber gemeinsam überlegen ...«

Was denn nur überlegen, verdammt? Alles ist klar. Aber ich habe eine Anweisung, und die Anweisung sagt: Zeit gewinnen! Alles möglichst hinziehen, angeblich, damit er weich wird und seinen Entschluß aufgibt, in diesem Augenblick, und dann selbst herunterklettert, falls er nicht von bester Qualität ist, oder meine Leute ihn oben schnappen, falls er erstklassige Spitze ist. Darin liegt die Kunst des gesamten Teams: je näher der »letzte Augenblick« kommt, desto schöner wird es, vor allem im Fernsehen. Es gibt großartige Talente, die, wenn wir sie schnappen, beinahe schon fliegen. Doch sie gehören zu den seltenen Ausnahmen wie eben jedes große Talent.

Er hat die Stirn gerunzelt, schmollt und tut so, als hörte er nicht auf mich. Aber natürlich wartet er nur auf meinen nächsten Satz. Ich räuspere mich, weil ich schon seit gestern erkältet bin – und hier, im achtzehnten Stockwerk, weht es auch noch –, und fahre fort, so vorsichtig, so süß ich nur kann.

»Denk an deine Familie und deine Freunde, und wenn du keine Familie hast, denk ...«

Ich denke daran, woran er noch denken soll. Gewöhnlich überlege ich mir das nicht, ich kann es ja auswendig, heute aber ist es mir entfallen. Eigentlich nicht entfallen, es sitzt mir irgendwo im Kopf, hat aber selbst verstanden, wie dumm es ist, und schämt sich, herauszukommen. Das mit der Familie und den Freunden ist schon dumm genug. Was denn, wenn er gerade um derentwillen diese ganze Geschichte aufführt? Aber sagen muß man es. Folglich sage ich es, um Zeit zu gewinnen.

»Es weht heute mächtig, wie?«

Zum ersten Mal hat er mich etwas bewußter angeblickt. Offensichtlich hat er das nicht erwartet, ich bin aus der Rolle gefallen. Ein Fehler. Um mich zur Ordnung zu rufen, macht er noch einen halben Schritt vor zum Rand. Sein Fuß hängt über dem Abgrund. Doch ich hatte plötzlich keine Lust mehr.

»Dann spring doch, du Sturkopf«, sagte ich und begann, die Leiter herunterzuklettern.

Meint ihr, er sei gesprungen? Ja, er ist gesprungen.

Jetzt warte ich auf die Verhandlung und das Urteil. Die Arbeit bei der Feuerwehr habe ich natürlich verloren, da gibt es keinen Zweifel. Und mit Recht, weil ich meinen beruflichen Pflichten nicht genügt habe. Ich bin angeklagt wegen ... Aber das ist unwichtig. Der Anklage stimme ich auch zu. Nur einem stimme ich nicht zu, stimme ich absolut nicht zu. Die Schlagzeilen lauteten »Selbstmord«, aber meiner Ansicht nach war das ein Unfall. Auch im Selbstmörderberuf ereignen sich tödliche Unfälle.

Dieser Berg bot einen weiten Blick über die Täler, und auf der Erde lagen zwei gekreuzte Balken. »Leg dich jetzt hin«, sagte der Ältere.

»Wozu denn hinlegen?«

»Zum Ausruhen. Der Berg ist steil, du bist ermattet. Nein, nicht auf die Erde, auf die Balken.«

»Warum auf die Balken?«

»Weil die Erde naß ist vom Regen, du würdest dich erkälten. Ja, so, jetzt breite die Arme aus.«

»Warum?«

»Weil man dann leichter atmen kann. Die Füße zusammen.«

Sie hielten mir die Hände und die Füße an den Gelenken fest und preßten sie gegen das Holz. Sie holten Hammer und Nägel hervor und begannen, mich anzunageln.

»Warum nagelt ihr mich an?«

»Damit du nicht herunterfällst, wenn wir dich hochheben. Du würdest herunterfallen und dich stoßen, vielleicht gar verletzen, du könntest dir einen Arm oder ein Bein brechen. Wenn wir dich aber festnageln, halten dich die Nägel. Dann fällst du nicht herunter.«

»Aber wozu wollt ihr mich hochheben?«

»Man hat vom Berg hier einen schönen Ausblick, und du wirst von dort einen noch schöneren haben. Weil du noch höher sein wirst.«

Ich lag ausgespannt auf dem Balken, sie hoben mich hoch, gruben den senkrechten Balken in die Erde und befestigten ihn mit Steinen. »Fertig«, sagten sie zufrieden mit ihrer Arbeit.

»Ja, dann gehen wir«, sagte der Ältere und setzte den Helm auf, den er abgenommen hatte, weil er bei der Arbeit in Schweiß geraten war. »Und du bleibst hier.«

«Aber warum soll ich hierbleiben?«

»Damit du über den Sinn des Leidens nachdenkst. Das heißt, damit du dir überlegst, was Schmerz eigentlich bedeutet. Wenn du dir etwas überlegt hast, erzählst du's.«

»Aber wozu soll ich mir das überlegen?«

»Möchtest du etwa leiden ohne Sinn? Das ist nicht nett, Freundchen, nicht nett. Alles muß einen Sinn haben.«

Sie entfernten sich, den Berg hinabgehend.

»Aber wem soll ich es erzählen«, rief ich ihnen nach, »wenn niemand mehr hier ist?«

Sie antworteten nicht, weil sie nicht mehr da waren.

Der See

Ich rudere. Die Ruder tauchen ins Wasser, und wenn sie wieder auftauchen, ist das Wasser immer noch dasselbe, es schadet ihm nicht. Die gelben Dotterblumen schwimmen auf mich zu, oder ich schwimme auf sie zu. Sie biegen sich, wenn sie unter die Ruder geraten, verlieren aber nicht das Gleichgewicht. Auch ihnen schadet es nicht. Eine seltsame Sache, ich schade niemandem, und das ist mir angenehm.

Ein Sommertag, hier der See, und dort der Himmel. Sie schaden sich gegenseitig nicht, aber sie sind da. Die Ruder knirschen in den Dollen, doch ihr Laut ist am Platze. An seinem Platze. Auch ich sollte sozusagen hier sein, obwohl ich nicht muß. Ein Muß gibt es nicht, aber da ich nun einmal hier bin, ist alles in Ordnung.

Ich komme von nirgendwo und strebe nach nirgendwo. Das heißt, ich beeile mich nicht und rudere auch nicht langsam. Ich gleite jenseits dieser Worte. Vielleicht ist es deshalb so angenehm? Doch warum darüber nachdenken – eine unnötige Angewohnheit. Und was hätte ich davon, auch wenn ich zu der Erkenntnis käme, warum es so angenehm ist? Vermutlich nichts, es könnte nur weniger sein, denn wäre ich mit Erkenntnis beschäftigt, würde ich die Weide nicht sehen, wie sie, über das Ufer geneigt, ihre zarten, grünen Zöpfe – sozusagen – ins Wasser taucht. Und nicht die drei graubraunen Vögel mit den saphirblauen Hälsen, die sich ab und zu über das Röhricht erheben und dann und wann ihre Hälse unter Wasser tauchen. Und obwohl sie Vögel sind, wird ihnen niemand vorwerfen, daß sie auf dem Wasser sind und nicht in der Luft. Wenn sie Lust haben, werden sie auffliegen.

Es ist wohl Nachmittag, aber kein später, die Sonne steht hoch, ist aber höflich, denn sie brennt nicht genau auf den Kopf, man ist in der Sonne, aber untersteht ihr nicht.

Nur das Licht wird irgendwie unangenehm, trübe und scharf zugleich, das Wasser hart, die Vögel sind fort, der See ist fort, ich sitze auf dem Stuhl und rudere, doch ohne Ruder. Neben mir steht ein Herr im Frack und streckt mir die Hand hin. Und vor mir sind viele Menschen, sie sitzen in Reihen und lachen.

»Danke«, sagt der Hypnotiseur zu mir. Und dann zum Saal: »Wer von Ihnen ist der Nächste?«

Ich versuche es noch einmal mit den Händen, wenn auch ohne Ruder und ohne irgend etwas, noch mehrmals. Immer lauteres Gelächter im Saal. Darum höre ich auf, erhebe mich und steige unter großem Gelächter von der Bühne herab.

Im Kopf schwindelt es mir. Sobald das vergangen ist, werde ich versuchen zu verstehen, worüber sie eigentlich lachen.

Auf dem Turm

Der Herr hatte sich auf seiner Burg verschanzt. Aus dem höchsten Gemach auf dem höchsten Turm betrachtet er durch die Schießscharte seine Ländereien.

Ganz in der Ferne die Wälder. Blauend am Horizont, werden sie erst schwarz, wenn der Blick sich näher schiebt. Dann stehen sie im Gesichtskreis als schwarze Wand.

Durch die Wälder zu gelangen ist schwierig. Es gibt dort keine Wege, und ein Angreifer könnte nicht hindurchkommen, ohne seine Belagerungsmaschinerie und seinen Troß zu verlieren. Zunächst also schützen die Wälder den Burgherren.

Vor dem Wälderkreis die grünen Auen. Doch ihr Grün ist zu grün, ein gesteigertes Grün, zu aufdringlich grün, um bei jemandem, der ihr wahres Wesen nicht kennt, Vertrauen zu wecken. Denn das sind keine Auen, sondern grundlose Moore, obenauf von echtem Grün bedeckt. Wer die Pfade nicht kennt, versinkt in ihnen. Darum – selbst wenn die Wälder enttäuschen sollten, die Moore schützen den Burgherren.

Die Burg aber steht auf dem Berg, und der Berg ist unten mit Palisadenreihen umgeben, deren Pfähle scharf zugespitzt sind. Vor der Palisade ein tiefer, mit Wasser gefüllter Graben, ein zweiter auf der Innenseite. Zufrieden blickt der Burgherr auf diesen dreifachen ersten Verteidigungsring.

Von der Zugbrücke führt ein schmaler Weg, in den Felsen gehauen, in Windungen steil hinauf. Ganz oben sind die Burgmauern noch höher und überragen die unzugängliche Senkrechte der Felsen. Mächtige Mauern, mit Zinnen und Schießscharten, Basteien und Türmchen gekrönt, auf die der Burgherr von noch weiter oben herabblickt. Und er freut sich, daß dieser zweite Verteidigungsring ihn noch besser schützt als der erste, weil er nun schon völlig unzugänglich und unbezwingbar ist.

Er denkt sich: Sollte der Feind durch ein unbegreifliches Wunder diese Mauern überwinden, droht mir immer noch nichts, kann ich immer noch ruhig sein. Denn dann steht der Feind zu Füßen der Zitadelle, vor der inneren Burg, der Burg in der Burg, das heißt vor dem höchsten Turm, der von den übrigen Befestigungen unabhängig ist, die dicksten Mauern hat und, mit eigenen Vorräten ausgerüstet, sogar der längsten Belagerung standhält. Eindringen kann man in ihn nur einzeln, auch wenn man die schmale, aus drei Schichten Eichenholz gefertigte und eisenbeschlagene Tür einrennt; wie groß immer die Zahl der Eindringlinge sein mag, stets wird nur ein einzelner eindringen können, um sogleich von der Hand der zahlreichen Verteidiger zu sterben. Von dem geräumigen Flur aber führt wieder nur eine schmale Treppe zu den höher und noch höher gelegenen Gemächern. Es ist eine Wendeltreppe, eingefügt ins Innere der dicken Mauern, darum kann man nur frontal und einzeln aufwärts vordringen, was durch die Tatsache erschwert wird, daß die Verteidiger ihre Schläge leichter, nämlich von oben austeilen können und die Angreifer, die dem ersten von ihnen folgen, die Verteidiger nicht einmal sehen, geschweige denn ihre Spieße und Armbrüste gebrauchen können. Listig gebaut ist das, denkt der Burgherr und fühlt sich noch mehr, beinahe schon vollkommen sicher. Er weiß, kein Feind wird ihn durch diesen dritten, stärksten, völlig senkrechten Verteidigungsring vom Himmel bis zur Erde erreichen.

Er wendet sich von der Schießscharte ab, hinter der die ferne, zum Glück so ferne Linie des Horizonts dunkelt, und blickt hinunter vor seine Füße auf die erste, zweite, dritte Stufe der abwärts führenden Treppe. Denn er steht im obersten Gemach, und vor seinen Füßen enden die

Stufen, unter ihm ist im Fußboden der tiefe Schacht der Treppe. Und er denkt: Mögen selbst meine braven Soldaten sterben, hier bin ich ganz allein jedem Angreifer überlegen. Niemand wird mich hier erreichen, denn niemand wird höher gelangen als meine Füße.

Und sollte, sollte ... ach, welch unsinnige Annahme. Sollte ich also infolge irgendeiner Unmöglichkeit je vor mir, auf gleicher Höhe mit mir eine Klinge sehen, so brauchte ich mich auch noch nicht zu fürchten. Denn ich trage eine Rüstung von solcher Widerstandsfähigkeit, daß keine Klinge hindurchdränge, und würde sie mit der allergrößten Kraft geschwungen. Ich weiß das genau, denn diese Rüstung wurde erprobt.

Und nun endlich, ach, endlich ist das Ende seiner Befürchtungen erreicht. Alle seine Ängste, auch die kleinsten enden an dieser Rüstung, an der stählernen Oberfläche seines Panzers. Unter der Rüstung hat er seine Ruhe, folglich denkt er jetzt nur noch an seine Ruhe. Triumphierend, erleichtert und getröstet denkt er, wie endgültig, grenzenlos und unanfechtbar diese Ruhe ist.

Da spürt er, wie etwas klopft ...

Nicht in den Wäldern ...

Nicht in den Wiesenmooren ...

Nicht gegen die Palisaden ...

Nicht gegen die Burgmauern ...

Nicht gegen die eisenbeschlagene Tür des Turmes ...

Nicht gegen den Panzer von außen ...

... sondern gegen den Panzer von innen. Ganz deutlich klopft etwas von innen gegen den Panzer.

»Verrat!« schreit der Burgherr. Er wirft den Panzer ab, faßt den Dolch und stößt ihn in die Stelle unter der linken Brust, von der aus der unbekannte Gegner angreift.

Und stirbt.

Sławomir Mrożek
Das dramatische Werk

Alpha
Auf hoher See
Der Botschafter
Buckel
Emigranten
Ein freudiges Ereignis
Fuchsquartett
Der Hirsch
Karol
Das Martyrium des Piotr O'Hey
Nochmal von vorn
Die Polizei
Die Propheten
Racket Baby
Der Schneider
Ein Sommertag
Striptease
Tango
Der Truthahn
Watzlaff
Eine wundersame Nacht
Zabawa
Zu Fuß